EDITION Leidfaden
Hrsg. von Monika Müller

Die Buchreihe *Edition Leidfaden* ist Teil des Programmschwerpunkts »Trauerbegleitung« bei Vandenhoeck & Ruprecht, in dessen Zentrum seit 2012 die Zeitschrift »Leidfaden – Fachmagazin für Krisen, Leid, Trauer« steht. Die Edition bietet Grundlagen zu wichtigen Einzelthemen und Fragestellungen im (semi-)professionellen Umgang mit Trauernden.

Gina Krause / Mechthild Schroeter-Rupieper

Menschen mit Behinderung in ihrer Trauer begleiten

Ein theoriegeleitetes Praxisbuch

Vandenhoeck & Ruprecht

Bibliografische Information der Deutschen Nationalbibliothek:
Die Deutsche Nationalbibliothek verzeichnet diese Publikation in der
Deutschen Nationalbibliografie; detaillierte bibliografische Daten sind
im Internet über http://dnb.de abrufbar.

© 2018, Vandenhoeck & Ruprecht GmbH & Co. KG,
Theaterstraße 13, D-37073 Göttingen
Alle Rechte vorbehalten. Das Werk und seine Teile sind urheberrechtlich
geschützt. Jede Verwertung in anderen als den gesetzlich zugelassenen Fällen
bedarf der vorherigen schriftlichen Einwilligung des Verlages.

Umschlagabbildung: Brilliant Eye/photocase.com

Satz: SchwabScantechnik, Göttingen
Druck und Bindung: ⊕ Hubert & Co. BuchPartner, Göttingen
Printed in the EU

Vandenhoeck & Ruprecht Verlag | www.vandenhoeck-ruprecht-verlage.com

ISSN 2198-2856
ISBN 978-3-525-40636-6

Inhalt

Vorwort 7

**Menschen mit Behinderung in ihrer Trauer begleiten –
in der Theorie** 12
Trauer und Behinderung in unserer Zeit 12
Behinderung – was ist das? 20
Trauertheorien 23
Mediatoren der Trauer 32
Von der Defizitorientierung zur Ressourcenorientierung 40
Handlungsweisende Erkenntnisse 43
    Resilienzförderung 43
    Bewältigung erkennen und unterstützen 44
    Trauerarbeit ist Beziehungsarbeit 44
    Reflexion des eigenen Handelns 46
    Verstehbare Informationsgabe und Veranschaulichen 47
    Fürsprechen 48

**Menschen mit Behinderung in ihrer Trauer begleiten –
in der Praxis** 49
Dem Tod begegnen 49
Das Trennungs- und Todesverständnis von
Menschen mit und ohne Behinderung 53
    Das Trennungs- und Todesverständnis von Säuglingen
    und Kleinstkindern von 0 bis 3 Jahren 55
    Das Trennungs- und Todesverständnis von 3- bis circa
    5,5-jährigen Kindergartenkindern 58
    Das Trennungs- und Todesverständnis von 5,5- bis circa
    10-jährigen Grundschulkindern 64
    Das Trennungs- und Todesverständnis von
    Jugendlichen und jungen Erwachsenen 68
Trauermodelle in der Praxis – Stärken und Schwächen 74

Das Trauermodell von Worden in der Begleitung
von Menschen mit Behinderung 76
   Die Vielfalt der Gefühle und den Trauerschmerz
   durcharbeiten, durchleben 80
   Sich der veränderten Umwelt, der Welt ohne den
   Verstorbenen anpassen und sich darin zurechtfinden.
   Dem Verlust Sinn und Bedeutung geben 84
   Dem Verstorbenen, dem Verlust, einen neuen Platz zuweisen
   und sich auf das Leben weiter einlassen 86

Methoden 93
Abschiedsmöglichkeiten für private Haushalte, Wohngemeinschaften,
Wohnheimeinrichtungen, Werkstätten, Schulen und Kindergärten ... 93
   Der Tod eines Familienangehörigen 96
   Der Tod eines Kindes in einer Kita 96
   Der Tod eines Schülers in einer Schule oder eines Kollegen
   in der Werkstatt 97
   Der Tod eines Bewohners in einer Wohngruppe 98
Methodensammlung 99
   Methoden zu Traueraufgabe 1 – Die Wirklichkeit
   des Verlusts begreifen und als Realität akzeptieren 100
   Methoden zu Traueraufgabe 2 – Die Vielfalt der Gefühle
   und den Trauerschmerz durcharbeiten und durchleben 106
   Methoden zu Traueraufgabe 3 – Sich der veränderten Umwelt,
   der Welt ohne den Verstorbenen anpassen und sich darin
   zurechtfinden 112
   Methoden zu Traueraufgabe 4 – Dem Verstorbenen, dem
   Verlust einen neuen Platz zuweisen und sich auf das Leben
   weiter einlassen 116
Leichte Sprache in der Trauerbegleitung 120
   Zwei Beispiele für Texte in Leichter Sprache 123
   Ein möglicher Ansatz zur Nutzung der Geschichten 127
   Patientenverfügung 129
Basale Stimulation® in der Trauerbegleitung 129
Und was tun Sie sich Gutes? 135

Danksagung 139

Literatur 142

Vorwort

»Großmutter, du bist ja schon ganz alt, und wenn du bald tot bist, dann bin ich feste traurig«, sagte Eva, mein Paten- und gleichzeitig mein Nachbarskind. Sie war damals zwölf Jahre, meine Mutter 75 Jahre alt. »Da freue ich mich aber, wenn du mich dann vermisst«, sagte meine Mutter gerührt.

Gerührt zu Recht, denn wie schön ist es, zu hören, dass er oder sie später einmal vermisst und betrauert wird. Wer weiß das denn schon zu Lebzeiten?

Eva hat ihrer Schwester, auch einigen Cousins und Cousinen dazu verholfen, öffentlich Stellung für Menschlichkeit zu beziehen und einen Unterschied zwischen *behindert* und *bekloppt* klar zu definieren.

Eva sagt, sie habe ein Handicap. Sie bedauert das auch manchmal, denn sie weiß, dass ein Leben ohne diese Irritation oft einfacher wäre. Ich schreibe hier bewusst *bedauern,* weil Eva es, auch mit Hilfe ihrer Mutter, schon betrauert hat. Es tut ihr heute nicht mehr weh.

Ein Handicap bezeichnet eine Schwäche aufgrund einer Behinderung. Einerseits. Andererseits ist ein Handicap beim Golfspiel die Kennzahl, die das ungefähre Spielpotenzial eines Golfers beschreiben soll. Das kann auch eine Spielstärke sein und es passt zu meinem Patenkind.

Evas Stärken sind neben der Musikalität ihre Ehrlichkeit, ihre Empathie und ihre Herzlichkeit. Als eines unserer Meerschweinchen starb, weinte sie laut und ungehemmt, weil es für sie einfach sehr traurig war. Als Eva mit meinen Söhnen und ihrer Schwester Ruth in die Kinopremiere von »Der Hobbit« ging, zeigte sie ihre Freude über den Kinobesuch mit den Jungs und Ruth laut und deutlich, ähnlich so, wie sie ihre Traurigkeit auslebte.

So, wie Eva reagiert, ist es ihr, wie allen Menschen mit und ohne Handicap oder Behinderung, als Talent angeboren. Traurige und fröhliche Gefühle zu leben, ist eine Fähigkeit, die uns hilft, unsere Stimmung auszudrücken und zu bewältigen. Menschen, die dazu nicht mehr in der Lage sind, weil man sie tadelte, wenn sie Traurigkeit zeigten, und lobte, wenn sie trotz Verlust »gute Miene zum bösen Spiel« machten, haben eine Störung entwickelt. Es ist möglich, dass der Mensch mit dieser emotionalen Mangelerscheinung gleichzeitig ein angesehener Geschäftsmann ist.

Und hier stellt sich die Frage: Wer ist ein Mensch mit Behinderung? »Behindert *ist* man nicht, behindert *wird* man« – ist ein Satz, den Gina oft benannt hat. Gina lernte ich durch meine Söhne kennen. Schon mit 15 Jahren jobbte sie bei »Lavia« in Gelsenkirchen, einem Institut für Familientrauerbegleitung, und betreute anfangs jüngere Kinder, die am Rande einer Trauergruppe eine Bezugsperson benötigten. Sie schrieb als 17-Jährige in Vertretung für ihre Mitschüler einen Beileidsbrief an ihre frisch verwitwete Deutschlehrerin und empfahl ihr eindrücklich, Trauerbegleitung wahrzunehmen. Gina fürchtete schon jung weder Tod noch Trauer, respektierte aber deren Auswirkungen und vor allem die Reaktionen der betroffenen Menschen. Sie glaubte an die positive Wirkung, aus eigener Erfahrung.

Schreiben wir *Menschen mit einem Handicap, geistige Behinderung* oder sagen wir *Menschen mit Behinderung*? Als sie mich fragte, ob wir gemeinsam ein Buch schreiben wollen, galt es auszuhandeln, welche Ausdrucksweise wir zum Verständnis der Leserinnen und Leser nutzen. Die Haltung allen trauernden Menschen gegenüber mussten wir nicht diskutieren, sie war uns klar.

Wir haben uns für den zweiten Begriff entschieden und schreiben im Kapitel »Behinderung – was ist das?« eine Begründung dazu.

Als ich vor vielen Jahren als pädagogische Mitarbeiterin in einem Wohnheim für Menschen mit Behinderung des Evangelischen Johanneswerks e. V. arbeitete, entwickelten wir dort zu dritt ein Konzept für die Trauerbegleitung innerhalb des Hauses. »Je jünger ein Mensch, je stärker eine Behinderung oder Demenz, desto wichtiger ist das Begreifen, wenn es um Abschiede geht«, ist mein Plädoyer, seit ich die Familientrauerbegleitung vor einem Vierteljahrhundert in Deutschland und nachfolgend den Nachbarländern gegründet hatte.

Und dann stellten wir beim ersten Todesfall innerhalb unserer Wohneinrichtung fest, dass die Mitarbeiter und Mitarbeiterinnen aufgrund eigener Berührungsängste Abstand von den Themen Tod und Trauer nahmen. Die Bewohner der Einrichtung hatten weniger Probleme damit. »Es darf nicht sein, dass Menschen mit einer Behinderung keine Chance bekommen, Abschied zu nehmen und zu trauern, nur weil ihre Eltern, Verwandten, Lehrer, Erzieher oder Betreuer ein Problem haben, sprich Ängste und kein Fachwissen über Trauerbegleitung!« Dies war und ist ein Anliegen von Gina und mir. »Es kann doch nicht angehen, dass Männer oder Frauen wie mein Patenkind Eva beim Tod ihrer Großmutter, von Mutter oder Vater, Geschwistern oder Patentanten nicht traurig sein dürfen«, ist dann die logische und persönliche Weiterführung.

Und eigentlich waren es Eva, die Bewohner und Mitarbeiterinnen aus dem Martin-Luther-Haus und die Menschen, die Gina im Kinderhospizverein e. V. und nach ihrem Studium der Heilpädagogik in der Arbeit begegneten, die uns dazu brachten, dieses Buch zu schreiben. Für die Menschen mit Behinderung, für ihre Bezugspersonen und für uns. Eigentlich kann man auch in einfacher Sprache sagen: »Für eine mitmenschliche Gesellschaft«.

Mechthild Schroeter-Rupieper

Unser Buch ist geschrieben für Menschen, die in ihrem Leben trauernden Menschen mit Behinderung begegnen und diese begleiten wollen. Die Begleitung trauernder Menschen mit Behinderung kann zu Hause, unter Freunden, in der Ausbildung, im Beruf und in Trauerbegleitungen stattfinden. Dieses Buch richtet sich darum an Lehrende, Erziehende, Pflegende, Ärzte und Ärztinnen, Trauerbegleiter und Trauerbegleiterinnen, an Familien, Nachbarn und Nachbarinnen, Freunde und Freundinnen und an alle Interessierten.

Das theoriegeleitete Praxisbuch vereint Theorie und Praxis. Theorien erscheinen uns manchmal abstrakt und praxisfern. Dennoch sind sie hilfreich. Wir können sie nutzen, um uns die Praxis zu erklären, unser eigenes Handeln zu begründen und um es zu hinterfragen. Wir können sie als Werkzeuge so verwenden, dass sie sich als nützlich erweisen. Dazu schaffen wir eine theoretische Grundlage und leiten daraus handlungsweisende Erkenntnisse ab. Anhand unterschiedlicher Praxisbeispiele möchten wir das theoretische Wissen immer wieder veranschaulichen und überprüfen. Anschließend stellen wir konkrete Methoden vor, um Menschen mit Behinderung in ihrer Trauer zu begleiten.

Wir nutzen den Begriff *Menschen mit Behinderung*, welcher die Menschen meint, die als geistig behindert gelten. Im Kapitel »Behinderung – was ist das?« fragen wir uns, was genau Behinderung bedeutet. Da mit der Nutzung unterschiedlicher Begriffe auch unterschiedliche Haltungen einhergehen können, ist es sinnvoll und wichtig, sich damit auseinanderzusetzen.

Eine Mutter wurde bei der Geburtstagfeier ihres Kindes von einer Nachbarin Folgendes gefragt: »Sind das alles Behinderte, die ihr eingeladen habt?« Und die Mutter antwortete: »Das sind Paulas Freunde.« Die Mutter erzählte in einer Gesprächsrunde von diesem Moment, der sie gleichzeitig traurig, aber auch stolz gemacht hat. Stolz, weil sie in der Lage war, sich über eine pauschalisierende, verletzende Aussage hinwegzusetzen. Die Mutter selbst vertritt eine ernstnehmende und zutrauende Haltung gegenüber Menschen mit Behinderung. Diese Haltung und Überzeugung wird in dem Buch immer wieder an Praxisbeispielen konkretisiert.

Als Grundlage nutzen wir Theorien aus dem Bereich der Trauerbegleitung und der Heilpädagogik. Die Heilpädagogik ist keine *heilende* oder *ganzmachende* Pädagogik, wie man bei dem Namen vermuten könnte. Sie ist vielmehr Pädagogik der Ganzheitlichkeit (Speck, 2008, S. 56). Ganzheitlichkeit in der Heilpädagogik bedeutet, dass Menschen in ihrem sozialen Umfeld und in der Gesellschaft betrachtet werden. Behinderung wird nicht an einzelnen Menschen festgemacht, sondern im Miteinander. Sie ist ein soziales Phänomen. Genauso verhält es sich auch mit der Trauer. Trauer ist ebenfalls ein soziales Phänomen. Trauernde Menschen sind in soziale Systeme eingebunden. Sie gehören einer Familie an, einer Wohngemeinschaft, einem Arbeitskreis und trauern umgeben von anderen Menschen. Die umgebenden Menschen haben großen Einfluss auf den trauernden Menschen. Sie haben Erwartungen und wirken mit Unterstützung und auch Einschränkungen auf den Trauernden. Wir nehmen den trauernden Menschen mit allem, was ihn umgibt, in den Blick und gewinnen daraus Hinweise und Ideen für eine gute Begleitung.

Gina Krause

Menschen mit Behinderung in ihrer Trauer begleiten – in der Theorie

Trauer und Behinderung in unserer Zeit

Trauer und Behinderung werden unter anderem durch die Gesellschaft und die heutige Zeit beeinflusst. Dazu schauen wir uns an, was unsere Zeit ausmacht.

Wir leben in der sogenannten postmodernen Gesellschaft. Die Hauptmerkmale unserer Zeit sind Wahlmöglichkeit und Vielfältigkeit (Welsch, 1987, S. 61). Uns *steht die Welt offen*. Die vorherigen Generationen konnten sich an ihrer Herkunft orientieren. In einer Bäckersfamilie beispielsweise stand es früher nicht zur Debatte, ob die Kinder den Betrieb der Eltern übernehmen oder nicht. Sie wurden Bäcker. Das hat sich teilweise geändert. Auch wenn soziale Milieus heute noch die Richtung vorgeben, ist die Wahrscheinlichkeit deutlich gesunken, dass Kinder sich an ihren Eltern orientieren. Die Eltern selbst arbeiten heutzutage häufig nicht mehr ein Leben lang in derselben Position und nicht zwangsweise im erlernten Beruf. Wer an der Markwirtschaft teilnehmen will, muss flexibel sein.

Diese Flexibilität bringt Unsicherheit mit sich (Brüsemeister, 2000, S. 309–313). Kann ich meinen Beruf in zwanzig Jahren noch im selben Betrieb ausüben? Muss ich die Stadt verlassen, um einen neuen Arbeitsplatz zu finden? Bleiben meine Freunde, Kinder und Eltern hier in unserer Stadt leben? Die Offenheit dieser Fragen erschwert das Schließen von Freundschaften und Bilden von sozialen Netzen, welche in jeder Lebenslage und vor allem in Zeiten der Trauer so wichtig sind. Wir sind immer mehr auf uns allein gestellt und können uns immer weniger an Traditionen orientieren. So werden wir selbst zu Dreh- und Angelpunkten unserer Welt (Beck, 1986, zit. nach Herriger, 2010, S. 41).

Der Sonntag beispielsweise war in früheren Zeiten fester Kirchen- und Familientag. Der Tagesablauf mit Besuch der Kirche, gemeinsamem Mittagessen und anschließendem Spielen mit den Kindern wird heute weniger gelebt. Was mache ich mit meinem Sonntag, wenn ich nicht zur Kirche gehe und nicht zum Kaffee und Kuchen zur Großmutter? Mache ich einen Ausflug mit meinen Kindern, schaue ich den ganzen Tag lang Serien, nutze ich die Zeit, um auszumisten, oder gehe ich online shoppen? Wir selbst entscheiden.

Nicht nur in unseren Entscheidungen sind wir mehr auf uns gestellt. Das Leben in Gemeinschaft nimmt in der heutigen Zeit ab (Schäfer, 2011, S. 20). Mehrgenerationen-Familien-Häuser wurden bereits deutlich weniger, viele Menschen leben im Alter allein. In der anonymen Großstadtwohnung gibt es viele Menschen, die ihre Nachbarn nur selten sehen und bestenfalls grüßen. Die Mitgliederzahlen in Vereinen von Kinder-, Jugend- und Sozialverbänden, Kirche, Sport und Politik sind gesunken. Gemeinschaft insgesamt wird in unserer Zeit weniger gelebt, und so sehen sich Menschen den Herausforderungen unserer Zeit häufig allein oder mit nur wenig sozialer Unterstützung gegenübergestellt.

Es zeichnen sich kleine erfreuliche Gegenbewegungen ab. So werden beispielsweise über WhatsApp-Gruppen Nachbarschaftshilfen organisiert, oder Studierende wohnen bei Rentnern und Rentnerinnen, um diese zu unterstützen. Solche Aktionen lassen auf einen Zuwachs von Gemeinschaft hoffen. Momentan lässt sich jedoch insgesamt ein Bild zeichnen, in dem Menschen Gemeinschaft missen.

Neben Herausforderungen bieten die Merkmale Flexibilität, Vielfältigkeit und Wahlmöglichkeit auch Chancen. Eine junge

Frau, deren Vater Landwirt ist, kann sich heute beispielsweise dazu entscheiden, den Hof nicht zu übernehmen und stattdessen Pädagogik zu studieren. Traditionelle soziale Verpflichtungen werden gelöst und eröffnen die Freiheit, einen eigenen Lebensweg zu gehen.

Die Vielfältigkeit der Bildungswege und der Zugang zu Bildung sowie eine Grundabsicherung durch den Staat bieten dabei die Möglichkeit, freier zu sein, als es die Menschen früher waren. Zudem ermöglicht die Vielfältigkeit von Werten, unterschiedlichste Lebenswege und Weltanschauungen zu leben (Herriger, 2010, S. 45 f.). Darin besteht auch für Menschen mit Behinderung eine Chance. Eine Gesellschaft, die sich durch Vielfältigkeit und verschiedenste Weltanschauungen auszeichnet, bietet Platz für Menschen mit Behinderung, für Menschen unterschiedlichster Herkunft, für Menschen mit unterschiedlichster sexueller Orientierung und viele mehr.

Wie ist Trauer in unsere Zeit einzuordnen? Medial ist der Tod allgegenwärtig. Berichte über Terror, Unfälle und Umweltkatastrophen sind täglich zu lesen (Student et al., 2007, S. 11). Ein großer Teil der Bevölkerung weiß von Gruppen zur Unterstützung Trauernder und Ratgebern zum Thema Sterben und Trauern. Die gestiegene Präsenz rund um das Thema Tod bezieht sich jedoch auf die Allgemeinheit. Bei persönlicher Betroffenheit oder Betroffenheit im Umfeld sind viele Menschen häufig ratlos und nicht in der Lage, Strategien oder Wissen abzurufen (Schäfer, 2011, S. 46). Die gestiegene Lebenserwartung der Menschen bringt es mit sich, dass viele Menschen Jahre und Jahrzehnte leben, ohne durch den Tod eines Menschen im nahen Umfeld berührt zu sein (Schäfer, 2011, S. 11). Nur noch alle 15 bis 20 Jahre erleben Menschen statistisch gesehen einen Todesfall im näheren Umfeld (Lammer, 2003, S. 40).

Durch die Seltenheit persönlicher Erfahrung mit Tod und Trauer wird der Umgang damit erschwert. Wir haben verlernt zu trauern. Von Geburt an lernen wir dafür, dass Trauerreaktionen unerwünscht sind. Schon kleine Kinder werden häufig verbal und materiell belohnt, wenn sie in traurigen Momenten unberührt oder fröhlich reagieren. Auch Menschen mit Behinderung wissen oft darum, dass sie selbst in schwierigen Lebenssituationen mit einer lachenden Mimik mehr gemocht, akzeptiert und unterstützt werden, als wenn sie traurig oder wütend reagieren.

»Du bist aber tapfer!«, sagen wir zu Menschen, die ihre Traurigkeit und Tränen unterdrücken. Warum sagen wir aber zu Menschen, die sich in einer fröhlichen Atmosphäre von Freude nicht anstecken lassen, dass sie eine *Spaßbremse* seien? Warum loben wir sie nicht, dass sie sich trotz großer Fröhlichkeit gut zusammenreißen können?

Wir wollen uns *eine Scheibe abschneiden* von dem Mann, der einen Tag nach dem Tod seines Kindes keine öffentliche Trauer zeigt und scheinbar schnell im Alltag wieder funktioniert. Woher wissen wir, dass er so vielleicht nur aufgrund von Alkohol oder Medikamenten funktionieren kann? Mit unserem Lob unterstützen wir sein Funktionieren und hindern ihn zu trauern. Denn wäre es nicht eine gesunde, normale psychische Reaktion, würde der Vater des toten Kindes weinen und sich vorübergehend nicht arbeitsfähig fühlen? Würden wir das nicht nachempfinden können?

Gefühlsausdrücke werden in unserer zivilisierten Welt vor allem in Maßen gelebt. Denken Sie daran, wie sich ein Kind ärgern kann, wenn es schlafen gehen muss. Es stampft mit den Füßen, verzieht das Gesicht, schmeißt die Hände in die Luft und brüllt. Ein Erwachsener hingegen verzieht die Miene oder flucht leise, wenn er sich ärgert. In unseren Kulturkreisen wird vornehme Zurückhaltung erwartet (Schäfer, 2011, S. 25). Klageweiber, wie es sie in traditionelleren Kulturen noch gibt, sind uns fremd. Dabei ist doch gerade Trauer ein so starkes Gefühl. Sie braucht einen ebenso starken Ausdruck.

Neben Ablehnung und Erschwernis von Trauer in unserer Zeit lässt sich erkennen, dass eine Vermarktung von Tod und Trauer stattfindet. Im Zuge dieser Vermarktung kommt es zu einer Auslagerung alter und sterbender Menschen in Krankenhäuser, Hospize und Pflegeheime (Schäfer, 2011, S. 17). Früher wurden Menschen zu Hause geboren und sind zu Hause gestorben. Dadurch gab es engere Berührungen mit dem Tod und mit Trauer. Heute hat sich der Kontakt zu Sterbenden und Toten verändert und verringert. Medizinische, rechtliche und administrative Aufgaben, welche uns inne waren, werden von Experten übernommen. Es findet eine Professionalisierung statt.

So werden Beerdigungen, welche noch bis ins 19. Jahrhundert hinein von religiösen und nachbarschaftlichen Sozialverbänden gestaltet wurden, als Dienstleistung von Bestattern angeboten. In der Planung der Beerdigung wählen die Angehörigen Leistungen aus Listen und sind damit in der Gestaltung wenig eigenständig aktiv (Feldmann, 2010, S. 52).

Von Standardisierung kann hier trotz Listen jedoch keine Rede sein. Die Individualisierung spiegelt sich auch in der Bestattungskultur wider. Nie zuvor gab es so viele unterschiedliche Modelle von Särgen, verschiedene Möglichkeiten, Musik auf der Beerdigung abzuspielen oder zu spielen, und am Ablauf der Beerdigung mitzuwirken. Eine Bestattung, so individuell geprägt wie nur möglich, mag auf den ersten Blick verlockend klingen, jedoch muss bedacht werden, dass die Angehörigen nicht nur die Möglichkeit, sondern die Pflicht haben, aus unbegrenzten Möglichkeiten zu wählen. Dieses Angebot kann Menschen in Trauer erschlagen und ist darum auch kritisch zu sehen.

Zudem findet eine Privatisierung von Trauerfeiern und Beerdigungen statt. Der Wunsch, von Beileidsbekundungen abzusehen, und der Ausschluss der Öffentlichkeit von Zeremonien nehmen zu (Feldmann, 2010, S. 69). Dabei haben Abschiedsrituale vor allem eine soziale Komponente: Allein durch die

Anwesenheit des sozialen Umfelds bei der Beerdigung wird der oder die Trauernde in seiner oder ihrer Trauer anerkannt (Müller u. Willmann, 2016, S. 26). Trauergemeinden als tragendes Netz für Trauernde gibt es immer weniger. Trauernde werden von Freunden und Freundinnen eher selten gefragt: »Bist du noch traurig?« Häufiger gibt es die Frage: »Und, alles gut?«

Basisgefühle, zu denen auch die Trauer gehört, wirken ansteckend auf andere Menschen. *Spiegelphänomene* ist ein weiterer Begriff dafür. Beobachten Sie einen Menschen, der von einem Baby angelächelt wird. Automatisch lächelt er zurück, genauso wie er beim empörten Weinen des Kindes die Augenbrauen runzeln wird. Wir lachen, gähnen, trauern, ekeln uns mit anderen. Davon profitieren unter anderem Kinofilme wie auch Reality-Shows. Begeisterung, Müdigkeit, Antriebsschwäche, viele Gefühle, die damit verbunden sind, können den Menschen beeinflussen. Das geschieht meist unbewusst. Werden die ausgelösten Gefühle und Reaktionen vom sozialen Umfeld als unangenehm empfunden, grenzen sich Freunde, Freundinnen und Bekannte oft durch Sprache, Gestik oder räumlichen Abstand ab. Trauernde werden an Spezialisten verwiesen.

Auch die Trauerbegleitung als professionelle Unterstützung gibt es erst seit wenigen Jahrzehnten. Sie ist eine Antwort auf die gesellschaftlichen Strukturen und abnehmende soziale Kontakte. Ziel von professioneller Trauerbegleitung und auch Ziel dieses Buches ist es, Trauer als natürliche Reaktion, als Anpassungsprozess auf einen Verlust zu verstehen und Trauernde zu unterstützen. Trauerbegleitung legt Wert darauf, soziale Netze zu aktivieren, und stellt sich damit gegen die Zeichen unserer Zeit.

Was bedeutet für Menschen mit Behinderung das gezeichnete Bild der Gesellschaft und der Trauer in der Gesellschaft? Trauernde werden von anderen Menschen beobachtet und ihre Trauer wird bewertet. Es gibt beispielsweise Erwartungen, wie lange und stark getrauert werden soll. Falls gesellschaftliche

Erwartungen von den Trauernden nicht erfüllt werden und der oder die Trauernde zu lange und intensiv oder zu kurz und wenig trauert, nimmt die soziale Unterstützung ab.

Wenn die Ehefrau eines Familienvaters stirbt und dieser nach vier Monaten noch nicht in der Lage ist, verlässlich zu arbeiten, werden die Vorgesetzten dafür aller Wahrscheinlichkeit nach kein Verständnis haben. Auf der anderen Seite wären Freunde und Kollegen überrascht, wenn der Ehemann nach wenigen Wochen eine neue Beziehung einginge. »Der trauert ja gar nicht um seine Frau« würden sie vermutlich sagen.

An die Trauer von Menschen mit Behinderung gibt es teilweise besondere Erwartungen. Erwartet wird zum Beispiel, dass sie gar nicht trauern können. Sie erfahren *sozial aberkannte Trauer* (Paul, 2012, S. 230). Sozial aberkannte Trauer wird auch von Frauen mit Fehlgeburten oder Abtreibungen, bei dem Verlust eines Ex-Partners oder von Menschen mit Demenz erlebt. Ihnen wird die Trauer abgesprochen, obwohl sie sehr wohl trauern können. Das soziale Umfeld eines Trauernden oder einer Trauernden bewertet also den Verlust, die Todesumstände und/oder die Art und Weise der Trauer (Müller u. Willmann, 2016, S. 19–23). »Der versteht das doch gar nicht« ist in Bezug auf Trauernde mit Behinderung zu hören.

Dies kann auch für das familiäre Umfeld eine soziale Erschwernis und persönliche Verletzung bedeuten. Eltern erleben, dass ihren Kindern menschliche Gefühle abgesprochen werden, die aber tatsächlich vorhanden sind und vielleicht nur in einer nicht für alle offensichtlichen Form geäußert werden. Etwa so, wie man manchen Menschen nachsagt, die sich in Trauerzeiten zurückziehen und gefühlvolle Momente meiden, um nicht weinen zu müssen, sie seien nicht traurig, obwohl sie eben diese Reaktion aufgrund großer Trauer zeigen.

Menschen mit Behinderung erfahren das Aberkennen der Fähigkeit zu trauern auf der einen und die Sorge um sie auf der anderen Seite. »Ich hoffe, mein Kind stirbt vor mir«, denken manche Eltern von Kindern mit Behinderung im Erwachsenenalter. Dahinter stehen Sorge und Angst um das Kind und der Wunsch, es zu schützen.

Doch nicht zu trauern, macht krank. Darum kann der Schutz von Menschen mit und ohne Behinderung nur darin liegen, ihnen das Trauern zuzutrauen und sie in der Trauer zu unterstützen. Wem die Trauerfähigkeit abgesprochen wird in einer Gesellschaft, die Trauer schwer zulässt, der hat es doppelt schwer.

Eine weitere gesellschaftliche Erschwernis von trauernden Menschen mit Behinderung liegt darin, dass sie nur schwer in die flexible Marktwirtschaft passen. Menschen mit geringerer Intelligenz scheinen in dem leistungsorientierten System unbrauchbar und finden darum nur schwer einen Arbeitsplatz (Haeberlin, 2005, S. 90). Sie brauchen *zu viel Zeit*. Doch liegt nicht genau darin eine Fähigkeit von Menschen mit Behinderung? Eine Mutter hat über ihre Tochter einmal gesagt: »Wenn ich zusammen mit Mia bin, dann ist alles gut. Die Welt dreht sich langsamer und ich komme zur Ruhe. Das schafft sonst niemand.«

Für Trauer ist ebenfalls wenig Platz in unserer schnelllebigen Gesellschaft. Sie geht einher mit Wut, Verzweiflung und anderen negativ bewerteten Gefühlen, welche schlicht nicht zur Wachstumsorientierung passen (Rechenberg-Winter u. Fischinger, 2010, S. 100). *Höher, weiter, schneller* ist das Motto unserer Zeit. Da ist wenig Raum für Ruhe, Trauer und Unverfälschtheit.

Die Risiken, welchen trauernde Menschen mit Behinderung ausgesetzt sind, summieren und vervielfachen sich. Wer wenig hat, verliert noch mehr. Ein Mensch mit Behinderung, dessen Vater stirbt, verliert möglicherweise den letzten Kontakt außerhalb seiner Einrichtung. Wenn ihm dann noch die Trauer aberkannt wird, ist er nicht nur allein, sondern auch alleingelassen in seiner Trauer. Eine Risikoverlustspirale setzt ein und immer mehr Ressourcen gehen verloren.

Wie können wir all diesen Risiken entgegenwirken? Menschen, die trauernde Menschen begleiten, können für das Recht auf Trauer für jeden und besonders für Trauernde mit Behinderung einstehen. Werden Trauer und Behinderung akzeptiert, können tragende soziale Netze einfacher aktiviert werden.

Behinderung – was ist das?

»Sprache schafft Wirklichkeit«, sagte Wittgenstein. Wir beschreiben mit unseren Worten nicht das, was wir sehen, unsere Worte *beeinflussen* unsere Sicht sogar. Darum ist es uns wichtig, unsere eigene Wortwahl zu hinterfragen. Jedes Mal, wenn wir eine Eigenart oder Besonderheit benennen, heben wir sie hervor. Dieses Buch befasst sich mit der Trauer von Menschen mit Behinderung. Wir grenzen allein mit unseren Worten Menschen *mit Behinderung* von Menschen *ohne Behinderung* ab.

Lieber würden wir ein Buch für alle Menschen schreiben, ohne Menschen mit Behinderung eine Sonderrolle zuzuschreiben. Dabei könnten wir gewissen Besonderheiten, die trauernde Menschen mit Behinderung erleben, jedoch nicht gerecht werden. Außerdem würde uns die Möglichkeit fehlen, besonders für Rechte von Menschen mit Behinderung einzutreten.

Wir befinden uns also ständig in einem Dilemma. Wir möchten, dass Menschen mit Behinderung vollkommen gleichwertig gesehen werden, und müssen ihnen dazu doch einen außergewöhnlichen Status zukommen lassen.

Welchen Begriff nutzen wir, um uns einzusetzen und die Menschen, die wir hier meinen, zu bezeichnen? Umgangssprachlich verwenden viele Menschen die Begriffe *Behinderte* oder *geistig Behinderte*. »People First« ist eine internationale Organisation und setzt sich für die Abschaffung des Begriffs *geistig behindert* und die Gleichstellung von Menschen mit Behinderung ein. Der

Geist eines Menschen ist nicht zu behindern, lautet ihr Grundsatz. Daraus ergibt sich, dass kein Mensch das Recht hat, den Geist eines anderen Menschen zu bewerten und ihn als krank oder behindert zu bezeichnen (Göthling, 2006, S. 560). Wir lehnen den Begriff *geistig behindert* ebenso ab.

Wäre es also möglich, nur von *Behinderten* zu sprechen? Nein, denn bei der Nutzung des Begriffs *Behinderte* steht schon sprachlich die Behinderung des Menschen und nicht der Mensch selbst im Vordergrund. Wir sprechen von *Menschen mit Behinderung*. Indem wir *Mensch* vor *Behinderung* setzen, stellen wir sprachlich den Menschen über die Behinderung und wirken so einer absoluten Reduzierung der Menschen auf ihre Behinderung entgegen.

»People First« bevorzugt den Begriff *Menschen mit Lernschwierigkeiten*. Lernschwierigkeiten ist weniger negativ assoziiert und führt weniger zu Geringschätzungen und Vorurteilen als der Begriff *Behinderung* (Theunissen, 2009, S. 10 f.). Die Lernschwierigkeit wird hier am einzelnen Menschen festgemacht. Behinderung entsteht jedoch im *Miteinander*.

Behindert sein heißt auch immer behindert werden: Behinderung entsteht da, wo ein Rollstuhlfahrer keine Möglichkeit hat, die Treppe zu nutzen. Sie entsteht da, wo ein Kind mit einem niedrigen IQ die Anforderungen des Regelschulsystems nicht erfüllen kann, und Behinderung entsteht da, wo Menschen die Fähigkeit zu trauern abgesprochen und ihnen so die Möglichkeit dazu genommen wird.

Ein Beispiel

Eine Pädagogin ist zu Besuch in einer Grundschule, um eine Befragung für ein Forschungsprojekt durchzuführen. Sie geht dazu in zwei Schulkassen. In beiden Klassen sind Kinder mit Behinderung. Die Pädagogin teilt die Bögen zur Befragung in der ersten Klasse aus. Die Lehrerin weist sie auf eine Schülerin mit Behinderung hin. »Von der brauchen Sie nichts zu erwarten. Die ist langsam, und da kommt am Ende eh nichts bei raus.« Nach und nach werden die Kinder fertig. Die Klasse wird laut, während die letzte Schülerin noch arbeitet. Bei Auswertung der Bögen sieht die Pädagogin, dass die Lehrerin anscheinend richtig lag. Viele Fragen in dem Bogen sind unbearbeitet, und einige Antworten sind für die Pädagogin schwer einzuordnen und zu verstehen.

In der zweiten Klasse ist ebenfalls eine Schülerin mit einer Behinderung. Die Lehrerin macht hier eine Ansage, bevor die Bögen ausgeteilt werden. »Erst wenn Marie fertig ist, darf es wieder laut werden. Vorher möchte ich, dass jedes Kind die Möglichkeit hat, die Fragen in Ruhe zu beantworten.« Während der Bearbeitungszeit setzt sich die Lehrerin neben Marie. Sie unterstützt sie beim Lesen und Verstehen der Fragen. Die anderen Schüler und Schülerinnen verhalten sich ruhig, und erst als Marie fertig ist, wird es wieder laut in der Klasse. Maries Antwortbogen ist für die Auswertung nutzbar.

Die Lehrerin hat die Lernumgebung an ihre Bedürfnisse angepasst, sie hat Marie zugetraut, die Aufgaben zu meistern und ihr die Möglichkeit dazu gegeben. Die Lehrerin in der ersten Klasse hat der Schülerin zugeschrieben, dass sie behindert ist und es nicht schaffen kann. Weil es laut wurde und die Schülerin nicht die nötige Zeit und Unterstützung beim Lesen bekam, konnte sie den Bogen nicht vollständig ausfüllen. Sie wurde behindert.

Wie kommen wir überhaupt zu der Erkenntnis, dass jemand behindert ist? Behinderung entsteht durch Unterscheidungen. Wir beobachten Dinge, unterscheiden sie von anderen und schreiben ihnen dann einen Namen zu. Stellen Sie sich vor, dass es nur einen Apfel gäbe und sonst rein gar nichts. Der Apfel wäre kein Apfel, weil wir nichts hätten, von dem wir ihn unterscheiden könnten. Wir *müssen* also Unterschiede *machen*, um zu Erkenntnissen zu gelangen.

Interessant ist dabei, dass wir immer auch andere Unterscheidungen treffen können. Heinz von Foerster hat dazu auf ein deutsches Sprichwort verwiesen, das besagt: »Unter den Blinden ist der Einäugige König!« Aber dieses Sprichwort stimme nicht: »Unter den Blinden kommt der Einäugige ins Irrenhaus!« In einer Welt voller Blinder gelte der Einäugige, der Dinge sehen und beschreiben kann, als verrückt. Man würde ihm zuschreiben, dass er behindert ist.

Für die Trauerbegleitung und das Zusammensein mit Menschen mit Behinderung bedeuten diese Erkenntnisse, dass wir uns immer wieder hinterfragen müssen. Wir sind in Verantwortung gegenüber den Menschen, denen wir Behinderung zuschreiben. Wir müssen darauf achten, Menschen weder im Alltag noch in ihrer Trauer zu behindern.

Trauertheorien

Nachdem wir uns mit Gesellschaftstheorien und Behinderung auseinandergesetzt haben, kommt in diesem Kapitel Fachwissen zu Trauer hinzu.

Freud war der Erste, der eine Theorie zur Trauer niederschrieb. Er ging davon aus, dass Trauer ein Anpassungsprozess ist (s. Witt, 2012, S. 31). Trauer mit all ihren Gefühlen, Ausdrücken und Erfahrungen hat also eine Funktion und einen Sinn.

Ein erster Impuls von uns ist häufig, Menschen vor scheinbar negativen Emotionen schützen zu wollen. Es fällt uns schwer, die eigene Mutter weinen zu sehen, es macht uns traurig, einen Bewohner verzweifelt zu erleben, und es tut uns weh, wenn ein Patient leidet. Aber wie hilfreich ist es, jemanden vor Trauer zu bewahren? Wer trauert, passt sich an die Welt an und strukturiert sich selbst um. Wir brauchen Trauer. Wenn ein Mensch nach einem Todesfall trauern kann, besitzt er eine gesundheitserhaltende Fähigkeit. Wir sollten einander nicht vor der Trauer beschützen, sondern uns im Trauern unterstützen.

Um trauernden Menschen eine bestmögliche Unterstützung in der Anpassung an die veränderten Lebensumstände zu bieten, beschäftigen wir uns mit Trauermodellen. Diese können Aufschluss darüber geben, wo sich die Trauernden in ihrer Trauer befinden und welche Begleitung sie benötigen, um in ihrem Trauerprozess voranschreiten zu können. Trauermodelle können auch den Trauernden direkt eine Orientierung in ihrer veränderten Lebenswelt bieten.

Trauer wird von jedem Menschen anders erfahren, und doch muss jeder Mensch die gleichen Aufgaben für eine erfolgreiche Bearbeitung des Trauerprozesses meistern. Wir benötigen weder für Kinder und Erwachsene noch für Männer und Frauen und auch nicht für Menschen mit und ohne Behinderung unterschiedliche theoretische Modelle. Dass Trauer anders er- und gelebt wird, liegt nicht an der Trauer selbst, sondern an äußeren und inneren Umständen, die auf die trauernde Person einwirken.

Freud entwickelte ein erstes Phasenmodell in folgender Ordnung: »Das Realisieren und Akzeptieren des Verlustes und das Bewältigen der mit dem Verlust verbundenen Umstände; sodann das eigentliche Trauern, das mit dem Auflösen der emotionalen Bindung zum Verstorbenen einhergeht; und schließlich die Wiederaufnahme des normalen Alltagslebens, was häufig mit dem Aufbau neuer enger Beziehungen verbunden ist« (zit. nach Jungbauer, 2013, S. 57). Das Phasenmodell nach Freud macht das Loslösen vom Verstorbenen zum zentralen Gegenstand der Trauer. Andere Phasenmodelle beinhalten auch das Loslösen, ergänzen aber eine Phase der Regression beziehungsweise des Rückfalls (vgl. Spiegel 1983, zit. nach Lammer, 2012).

Fulcomer (1942), Kübler-Ross (1969), Spiegel (1973), Kast (1977) und Bowlby (1980) haben je Phasenmodelle mit vier Phasen, beziehungsweise Kübler-Ross mit fünf, entwickelt (s. Lammer,

2003, S. 193). Das Phasenmodell von Kübler-Ross umfasst folgende Phasen (zit. nach Lammer, 2003, S. 188):
1. Nicht-wahrhaben-Wollen
2. Zorn
3. Verhandeln
4. Depression
5. Akzeptanz

Die trauernde Person will den Verlust anfangs nicht akzeptieren. Die zweite Phase umfasst starke negative Emotionen. In der dritten Phase ist der oder die Trauernde hin und her gerissen, es wird verhandelt und der Realität des Todes einerseits zugestimmt, andererseits wird diese abgelehnt. In der vierten Phase folgt die Depression, die einen kurzen Rückfall im Trauerprozess beinhaltet. In der fünften findet eine Akzeptanz des Todes statt, und es kommt zur Anpassung an ein Leben ohne den Verstorbenen (Witt, 2012, S. 31–33; Lammer, 2003, S. 189).

Die Phasenmodelle sind mittlerweile großer Kritik ausgesetzt. Bei ihrer Nutzung läuft man Gefahr zu diagnostizieren, wo sich die trauernde Person befindet. Man will sie in die nächste Phase bringen, was in der Logik der Modelle liegt (Lammer, 2003, S. 195). Mit diesem scheinbaren Expertenwissen werden Bedürfnisse und Wünsche der Trauernden selbst übersehen und überlagert. Diese Gefahr wird bei Menschen mit Behinderung noch verstärkt. Häufig wird davon ausgegangen, dass man *weiß, was gut für den Menschen ist,* doch ihre tatsächlichen Wünsche werden übersehen.

Zudem sind Trauernde nach Ansicht der Phasenmodelle passiv und müssen die Trauer über sich ergehen lassen. Sie gelangen nach und nach von der einen in die nächste Phase. Das passiert in der Realität nur selten. Ein Kollege hat dazu erzählt: »Wenn ich in einem Gespräch mit einem Trauernden bin, dann erkenne ich, dass er in einer Stunde durch vier verschiedene Phasen hüpft, durcheinander und immer wieder in eine Phase rein und wieder raus.« Die Nutzung der Phasenmodelle, um Trauer zu erklären und Trauernde zu begleiten, ist damit nicht hilfreich.

Ein weiterer Kritikpunkt an den Phasenmodellen ist, dass sie ein Ende des Trauerprozesses beinhalten. Dieses geht mit dem Loslassen und Sich-Loslösen vom Verstorbenen einher. So schreibt Freud vom »Auflösen der emotionalen Bindung zum Verstorbenen« und Kübler-Ross von der »Akzeptanz und einer Anpassung des Lebens ohne den Verstorbenen« (zit. nach Jungbauer, 2013, S. 57).

Es gibt andere Trauermodelle, die wir gut in der Theorie und Praxis nutzen können. Neuere Modelle setzen gegenteilig an. Das Modell der fortdauernden Bindung von Klass (zit. nach Rechenberg-Winter u. Fischinger, 2010, S. 35) und das Modell der Traueraufgaben von Worden beruhen auf der Bindungstheorie Bowlbys und gehen von einer fortdauernden Bindung zum Verstorbenen nach dem Tod aus (Worden, 2011, S. 21 f.). Im Zusammenhang mit Wordens Modell wird darauf im Folgenden näher eingegangen.

Bindungen entspringen einem Bedürfnis nach Schutz und Sicherheit und werden mit einigen wenigen spezifischen Personen eingegangen, bleiben einen großen Teil des Lebens bestehen und sind vom Nahrungs- und Sexualverhalten zu trennen (Worden, 2011, S. 21 f.). Wird die Bindung bedroht, zeigt die betroffene Person Reaktionen wie Angst, Ärger oder Trauer, bis die Bindung wiederhergestellt ist (Bowlby, 2011, S. 22). Auch bei tatsächlichem Verlust der Bindung, bei einem Todesfall, einer Trennung oder Scheidung, zeigt die Person ähnliche Reaktionen und versucht, die Bindung wiederherzustellen (Worden, 2011, S. 23).

Dies gibt Anlass, die letzte Phase der Phasenmodelle stark in Frage zu stellen. Funktion von Trauer ist nicht, die Verbindung zum Verstorbenen abzubrechen, sondern besteht darin, der Beziehung zum Verstorbenen eine neue Bedeutung zu geben und sie umzustrukturieren (Jungbauer, 2013, S. 59). In den Traueraufgaben von Worden ist die Umstrukturierung der bestehenden Bindung fester Bestandteil, um im Trauerprozess voranzuschreiten.

Ein weiterer Vorteil des Traueraufgabenmodells von Worden ist die Formulierung der Inhalte des Trauerprozesses in Form von Aufgaben. Die trauernde Person wird gefordert, ihre Trauer zu bearbeiten, und hat die Möglichkeit, ihren Trauerprozess selbst zu gestalten. Dies eröffnet für die Begleitung die Möglichkeit, den trauernden Menschen als aktiven Gestalter zu betrachten und seine Handlungsfähigkeit zu erweitern. Diese Sichtweise ist besonders in der Begleitung trauernder Menschen mit Behinderung hilfreich. Ein trauernder Mensch mit Behinderung kann und muss sich den Traueraufgaben stellen und diese aktiv bearbeiten.

Die Traueraufgaben können in unterschiedlicher Reihenfolge bearbeitet werden, wobei die erste Aufgabe, das Akzeptieren des Verlustes, zuerst geschehen muss (Worden, 2011. S. 45). Abhängig von Lebenslage und Bedürfnissen entscheidet der oder die Trauernde, welche Aufgabe im Anschluss bearbeitet wird. Damit bleibt die Gefahr aus, dass die begleitende Person ihre Vorstellungen über die Bedürfnisse des Trauernden stülpt.

Als theoretische Basis werden die Traueraufgaben vorgestellt:
1. den Verlust als Realität akzeptieren,
2. den Schmerz verarbeiten,
3. sich an eine Welt ohne die verstorbene Person anpassen,
4. eine dauerhafte Verbindung zu der verstorbenen Person inmitten des Aufbruchs in ein neues Leben finden (Worden, 2011, S. 45–56).

Die 1. Traueraufgabe nach Worden ist es, den Verlust als Realität zu begreifen und zu akzeptieren. Das von Bowlby erläuterte Suchverhalten tritt bei vielen Trauernden ein. Sie glauben beispielsweise, die verstorbene Person auf der Straße zu sehen, oder erwarten sie zu Hause (Worden, 2011, S. 48). Um die 1. Traueraufgabe zu bearbeiten, muss der oder die Trauernde akzeptieren, dass der Tod endgültig ist und es kein Wiedersehen in diesem irdischen Leben gibt. Wenn die Aufgabe erfolgreich bearbeitet ist, suchen die Trauernden nicht mehr nach der verstorbenen Person und warten nicht auf ihre Wiederkehr.

Davor können unterschiedliche Strategien stehen, um die Bearbeitung der Traueraufgabe zu umgehen. Eine mögliche Strategie, die Traueraufgabe nicht zu bearbeiten, ist das Leugnen, welche sich in den Phasenmodellen wiederfindet. »Mein Mann ist nicht wirklich tot!«, sagen oder denken Menschen, die den Tod leugnen.

Die Bedeutung des Verlustes zu bagatellisieren ist ebenfalls eine Möglichkeit, Traueraufgabe 1 nicht zu bearbeiten. »Eigentlich war mir meine Mutter gar nicht wichtig«, könnte das Beispiel einer Aussage sein.

Als letzte Möglichkeit kann die Endgültigkeit des Todes geleugnet werden. »Mein Freund wird wiederkommen, ich weiß es«, könnte ein Gedanke dazu sein (Worden, 2011, S. 46 f.). Mit dem Wissen um diese Strategien können wir sie in Begleitungen erkennen und Maßnahmen zur Unterstützung der Bearbeitung dieser Traueraufgabe einleiten.

Laut Worden muss die 1. Traueraufgabe kognitiv und emotional bearbeitet werden (Worden, 2011, S. 48). Falls dies nicht geschieht, äußert es sich beispielsweise darin, dass der oder die Trauernde zwar weiß, dass der Verstorbene tot ist, jedoch immer wieder an der Tür steht in der Hoffnung, er käme doch noch. In dem Fall ist der Verlust zwar kognitiv, jedoch nicht emotional akzeptiert.

Bei Menschen mit einer Behinderung gibt es möglicherweise größere Probleme beim kognitiven Verstehen des Todes. Hilfreich kann es sein, über den Verlust zu sprechen und dem oder der Trauernden zuzutrauen, dass er oder sie ein Verständnis vom Tod besitzt. Auch wenn der oder die Betroffene nicht in der Lage ist, dem Begriff »Tod« eine Bedeutung zuzuschreiben, kann er oder sie den Verlust trotzdem spüren, die Trauer auf einer emotionalen Ebene begreifen und so möglicherweise ein kognitives Verständnis entwickeln (Luchterhand u. Murphy 2001, S. 28 f.). In der Begleitung ist es ohnehin sinnvoll, den Fokus auf das emotionale Begreifen des Todes zu legen, da Trauer ein leiblich-seelischer Prozess ist (Heppenheimer u. Sperl, 2012, S. 86).

Als Traueraufgabe 2 muss in einem Trauerprozess der Schmerz bearbeitet werden. Die Schwere und Intensität hängen von der Bindung zur gestorbenen Person ab. Unter Umständen ist es möglich, dass kein Schmerz empfunden wird. Bei sicherer Bindung zum Verstorbenen ist es aber höchst wahrscheinlich, dass dieser und andere Gefühle erlebt werden (Worden, 2011, S. 50).

Die Gefühle werden durch Trauerreaktionen emotional, körperlich, im Denken und im Verhalten verarbeitet (Jungbauer, 2013, S. 51). Auf der emotionalen Ebene äußert sich der Schmerz möglicherweise durch Traurigkeit, Angst, Sehnsucht, emotionale Taubheit, Erleichterung und viele weitere Gefühle.

Die körperliche Ebene kann in einem Trauerprozess ebenfalls den Schmerz durch Erschöpfung, Ermüdung, Kurzatmigkeit, Beklemmungen und weitere Symptome verdeutlichen. Auf gedanklicher Ebene wird der Schmerz durch Leugnung, Verwirrung, ständiger Beschäftigung mit dem Tod und dem Verstorbenen ausgedrückt. Im Verhalten zeigt sich der Schmerz durch Weinen, Schlafstörungen, sozialen Rückzug, Vermeidungsverhalten und vieles mehr (Jungbauer, 2013, S. 51).

Wichtig bei der Bearbeitung des Schmerzes ist, dass er durchlebt und nicht unterdrückt wird, da er sonst später in Krankheit oder Verhaltensauffälligkeiten ausbrechen kann (Worden, 2011, S. 50 f.).

Mit diesem Wissen sind Menschen aus der näheren Umgebung von trauernden Menschen mit Behinderung dazu verpflichtet, sensibel beim Erfassen der Gefühle des Trauernden zu sein. Trauernde Menschen mit und ohne Behinderung benötigen ein Gegenüber, das den Schmerz aushält und Unterstützung anbietet. Besonders zu beachten ist der Ausdruck von Trauer.

Unter Umständen wird davon ausgegangen, dass Menschen mit Behinderung nur eingeschränkt in der Lage sind, ihre Gefühle erwachsenentypisch auszudrücken. Dabei muss bedacht werden, dass auch das Ausdrücken und das Erkennen von Gefühlen gelernt werden müssen (Luchterhand u. Murphy, 2001, S. 30). Es gibt Menschen, die als Kinder nicht trauern durften und es so nicht lernen konnten. Kinder, die schon in jungen Jahren von einem toten Haustier Abschied nehmen konnten, profitieren davon.

Andererseits können wir unterschiedlichste Gefühle als Ausdruck von Trauer verstehen. Das Knallen einer Tür, herausforderndes Verhalten und Abkapslung können genauso Ausdruck von Trauer sein wie Weinen. Als Begleiterinnen und Begleiter ist es unsere Aufgabe, Trauerreaktionen als solche zu erkennen und die trauernde Person darin zu unterstützen.

Traueraufgabe 3, sich an eine Welt ohne die verstorbene Person anpassen, lässt sich in drei Ebenen unterteilen.

Die erste Ebene betrifft die externe Anpassung. Hier muss es dem oder der Trauernden gelingen, alte Strukturen seines oder ihres Lebens zu ändern und verschiedene Rollen, die die verstorbene Person innehatte, anzupassen oder zu übernehmen (Worden, 2011, S. 52 f.). Die Reglung der Finanzen, das Wohnen und der Alltag sind Teil der externen Anpassung. Falls ein Angehöriger eines Menschen mit Behinderung stirbt, welcher die Bewältigung lebenspraktischer Aufgaben unterstützt hat, muss dies an eine andere Person abgegeben werden. Die externe Anpassung findet statt, wenn der oder die Trauernde seinen oder ihren Alltag umstrukturiert und Aufgaben des Verstorbenen an andere Personen verteilt, möglicherweise eine neue Wohnung findet, den Einkauf selbst übernimmt und Ähnliches (Worden, 2011, S. 52). Da Menschen mit Behinderung häufig in Wohnheimen oder im begleiteten Wohnen leben und abhängig von anderen Menschen sind, kann diese Umstrukturierung länger dauern als bei Menschen ohne Behinderung.

Die zweite Ebene betrifft die interne Anpassung. Hier muss es dem oder der Trauernden gelingen, das eigene Selbstbild und die Identität umzusortieren. Die verstorbene Person ist häufig ein Teil der eigenen Identität des oder der Trauernden. Das Selbstbild muss umstrukturiert werden, und der oder die Trauernde muss sich ein neues Ich ohne den Verstorbenen schaffen (Worden, 2011, S. 53). Jeder Mensch ist Partner oder Partnerin, Sohn oder Tochter, Mutter oder Vater oder auch Vorbild. Wenn beispielsweise die Partnerin eines Menschen mit einer Behinderung stirbt, muss er sich in seiner neuen Identität als Witwer zurechtfinden. Er selbst wird sich in seiner Persönlichkeit verändern, vorübergehend oder langfristig selbstbewusster oder unselbstständiger sein.

Die letzte Ebene betrifft die spirituelle Anpassung. Der oder die Trauernde muss philosophische und weltanschauliche Überzeugungen überdenken und anpassen (Worden, 2011, S. 55). Das Fragen-Dürfen und In-Frage-stellen-Dürfen soll auch Trauernden mit Behinderung ermöglicht werden. Sie benötigen ein verlässliches Gegenüber, das in leichter Sprache oder ganz ohne Worte Antworten sucht und offene Fragen aushält.

Die 4. und letzte Traueraufgabe umfasst die Erarbeitung einer neuen dauerhaften Bindung zum Verstorbenen inmitten des Aufbruchs in ein neues Leben (Worden, 2011, S. 56). Die verstorbene Person muss nicht losgelassen werden. Wertvolle Erinnerungen an sie dürfen beibehalten und in das angepasste Leben integriert werden. Diese Neuorganisation der Beziehung zum

Verstorbenen ermöglicht es, eine neue Form der Bindung entstehen zu lassen. Die Verstorbenen können durch Fotos, Besuche am Grab oder Gespräche und Gebete im Leben verortet werden. Gleichzeitig kann der oder die Trauernde sich dadurch wieder neuen Bindungen widmen und so am Leben teilnehmen. Dennoch ist es möglich, dass der verstorbene Mensch aufgrund seiner fehlenden Präsenz im Alltag relativ schnell vergessen und nicht vermisst, nicht betrauert wird.

Um mit Freuds Idee des Anpassungsprozesses von Trauer abzuschließen, lässt sich festhalten, dass Trauer eine Möglichkeit und Notwendigkeit ist, um den Tod eines Menschen im Leben zu verorten. Trauer ist funktional und muss gelebt werden dürfen, denn »Trauer, die nicht gelebt wird und keinen Raum bekommt, verschwindet nicht. Sie bleibt unbearbeitet und belastet den Gefühlshaushalt eines Menschen« (Heppenheimer, 2012, S. 31).

Eine praktische Umsetzung zur Unterstützung der Traueraufgaben findet sich im Praxis- und Methodenteil dieses Buches. Dort wird konkret erläutert, wie das theoretische Wissen der Traueraufgaben Begleitern und Begleiterinnen ermöglicht, kompetent auf den Trauerprozess von Menschen mit einer Behinderung einzugehen.

Mediatoren der Trauer

Um die Unterschiedlichkeit und Vielschichtigkeit von Trauerprozessen zu ordnen und zu verstehen, hat Worden sieben Mediatoren entwickelt. Diese lassen uns in der Begleitung trauernder Menschen die Einflussfaktoren auf ihre Trauer erkennen.

Die Einflussfaktoren lassen sich in Risiko- und Schutzfaktoren einteilen. Das Konzept stammt aus der Resilienzforschung. Resilienz ist die psychische Widerstandsfähigkeit, die ein Mensch besitzt (Wustmann, 2011, S. 18). Menschen mit hoher

Resilienz bleiben bei kritischen Lebensereignissen wie dem Tod eines Angehörigen, einer Scheidung oder traumatischen Lebensereignissen eher psychisch gesund. Sie trotzen diesen Ereignissen besser als Menschen mit geringer Resilienz.

Risiko- und Schutzfaktoren wirken auf Trauernde ein. Risikofaktoren verhalten sich dabei erschwerend auf den Trauerprozess, während Schutzfaktoren einen positiven Einfluss nehmen. Es wird angenommen, dass risikomildernde Faktoren (Schutzfaktoren) wie zum Beispiel ein guter Freundeskreis, eine hoffnungsvolle Grundeinstellung oder ein erfüllendes Hobby den Trauerprozess trotz risikoerhöhender Faktoren wie einer chronischen Erkrankung, Sprachbehinderung oder Mehrfachverluste positiv beeinflussen können (Wustmann, 2011, S. 54). Menschen mit vielen Schutzfaktoren sind resilienter, also widerstandsfähiger, und können Krisen, wie der Tod eine ist, besser meistern.

Die Mediatoren bezeichnet Worden folgendermaßen (Worden, 2011, S. 61–80):
1. Wer ist gestorben?
2. Welche Art von Bindung bestand?
3. Wie starb die Person?
4. Frühere Erfahrungen
5. Persönlichkeitsvariablen
6. Soziale Variablen
7. Gleichzeitig auftretende Belastungen

Mediator 1 fragt danach, wer gestorben ist. Der Tod von Eltern, Kindern und Lebenspartnern stellt einen Risikofaktor dar. Weniger belastend ist beispielsweise der Tod einer oder eines entfernten Verwandten. Zu bedenken ist jedoch im gleichen Zuge, wie die Bindung zu dem Verstorbenen war.

Diese Frage stellt Mediator 2. Ein besonderer Risikofaktor bei Menschen mit Behinderung kann dabei sein, dass ihr Gefühl für persönliche Beziehungen nicht deutlich wird (Luchterhand u. Murphy, 2001, S. 28). Die Beziehung zu Angehörigen wird möglicherweise unterschätzt, weil sie zeitlich nicht besonders intensiv ist. Trotzdem kann die Beziehung zur Mutter trotz nur weniger Besuche im Jahr von großer Bedeutung sein. Andererseits ist es möglich, dass beispielsweise in einer Wohneinrichtung die Bindung zu einer Reinigungskraft wichtig für den Menschen ist, obwohl dies niemand vermutet.

Weitere Risikofaktoren beim Mediator 2 sind emotionale Abhängigkeit und eine besonders enge Bindung. Menschen mit Behinderung befinden sich, unter dem Vorwand der Fürsorge, häufig in Abhängigkeit zu den sie umgebenden Personen. In extremer Weise sind trauernde Menschen mit Behinderung gefährdet, wenn die Beziehung zum Verstorbenen durch Machtmissbrauch geprägt war und eine emotionale Abhängigkeit bestand. Stirbt eine Person, welche für den Menschen mit Behinderung lebenspraktische Tätigkeiten übernommen hat, stellt das ebenfalls einen Risikofaktor dar.

Ein Beispiel

Klaus ist 56 Jahre alt und hat sein Leben lang bei seiner mittlerweile verwitweten Mutter gelebt. Die kleine Familie hatte wenige Sozialkontakte, die Mutter genierte sich zusätzlich, sich mit ihrem Sohn in der Öffentlichkeit zu zeigen. Eines Morgens fand die Nachbarin die Mutter mit einem Herzinfarkt im Flur bewusstlos vor und ließ sie mit einem Rettungswagen ins Krankenhaus bringen. Dort verstarb sie noch am selben Tag. Klaus zog in eine betreute Einrichtung für Menschen mit Behinderung, in der man nach einer Weile feststellte, dass die einzigen Schuhe des 56-jährigen Mannes die karierten Flanellpantoffeln waren. Durch den Tod der Mutter ist Klaus allein. Er hatte keine Möglichkeit, soziale Kontakte zu knüpfen, weil er stets zu Hause war. Das Gefühl, allein und alleingelassen zu sein, spürt Klaus alltäglich. Er kann zu Beginn seine Wäsche nicht waschen, einkaufen gehen oder den Tisch decken. All diese Aufgaben hat seine Mutter übernommen. Bei der Anpassung an eine Welt ohne seine Mutter steht Klaus vor besonderen Herausforderungen.

Neben Machtmissbrauch stellen psychischer, körperlicher und sexueller Missbrauch Risikofaktoren für trauernde Menschen mit Behinderung dar. Eine repräsentative Studie des Bundesministeriums für Familie, Senioren, Frauen und Jugend von 2012 ergab, dass 68 bis 90 Prozent der Frauen mit Behinderungen und Beeinträchtigungen psychische Gewalt und psychisch verletzende Handlungen im Erwachsenenleben erlebt haben – im Vergleich zu 45 Prozent der Frauen im Bevölkerungsdurchschnitt. Körperliche Gewalt erlitten 58 bis 75 Prozent der Frauen mit Behinderung und 35 Prozent der Frauen im Bevölkerungsdurchschnitt. Erzwungene sexuelle Handlungen erlitten 21 bis 43 Prozent der Frauen mit Behinderung und im Vergleich dazu 13 Prozent des Bevölkerungsdurchschnitts der Frauen (Bundesministerium für Familie, Senioren, Frauen und Jugend, 2012, S. 23 f.).

Diese alarmierend hohen Zahlen in Bezug auf psychische, physische und sexuelle Gewalt erfordern besonders in der Begleitung trauernder Frauen, aber auch in der Begleitung von Männern mit Behinderung hohe Wachsamkeit. Bei Anzeichen eines Missbrauchs sollte eine Beratungsstelle oder therapeutische Hilfe hinzugezogen werden. Trotzdem kann eine Begleitung der trauernden Person weiterhin stattfinden, indem der Fokus auf Stabilisierung und Halt-Geben gelegt wird.

Mit Mediator 3 wird die Todesart und -ursache erfasst. Ein gewaltsamer und ein plötzlicher Tod stellen einen Risikofaktor dar. Wenn der Tod, beispielsweise durch eine Krankheit, absehbar ist und Zeit zum Verabschieden bleibt, kann das als Schutzfaktor wirken.

Die Frage danach, ob sich Menschen mit Behinderung vom Verstorbenen verabschieden dürfen, ist mit einem klaren Ja zu beantworten. Mit einfühlsamer Begleitung, Angeboten und ehrlicher Beantwortung von Fragen ist eine Abschiednahme vom Verstorbenen schützend im Trauerprozess. Den Gestorbenen zu sehen, zu riechen und zu berühren, hilft zu verstehen, dass der Mensch tot ist. Selbst zu sprechen, ist nicht nötig, wenn man am Totenbett steht, und damit ist eine Abschiednahme auch ohne aktive Sprache möglich.

Begleitende sollten den Trauernden oder die Trauernde vorher auf den Abschied vorbereiten. Sie können dazu erklären, dass die verstorbene Person anders aussieht, anders riecht und sich kalt anfühlt. Sie können erklären, dass die Person nun nicht mehr lächeln kann, nicht mehr wütend sein oder schreien, sprechen und sich nicht mehr bewegen kann, weil sie tot ist. Diese Begleitung soll auch dann stattfinden, wenn man nicht sicher weiß, ob der oder die Trauernde die Worte versteht. Selbst wenn es so ist, wird der Mensch trotzdem merken, dass er ein Gegenüber hat, das sich sorgt und ihn nicht allein lässt.

Mit Mediator 4 werden frühere Verlusterfahrungen des Trauernden betrachtet. Wurden frühere Verluste nicht oder unvollständig bearbeitet, hat dies Einfluss auf den aktuellen Trauerprozess und stellt einen Risikofaktor dar. Sind frühere Verluste erfolgreich bearbeitet worden, kann wahrscheinlich auf alte Strategien zurückgegriffen werden.

Erwachsene Menschen mit Behinderung haben in ihrem gesamten Leben viele Verluste erlebt (Luchterhand u. Murphy, 2001, S. 28). Sie werden ihr Leben lang mit Trauer konfrontiert. Direkt nach der Geburt erleben sie die Trauer ihrer Eltern darüber, dass sie eine Behinderung haben. Sie selbst trauern im Laufe ihrer Entwicklung, wenn sie bemerken, dass sie weniger schnell oder weniger Kompetenzen als andere Kinder erwerben. Diese Form der Trauer kann als Lebenstrauer bezeichnet werden (Heppenheimer u. Sperl, 2011, S. 85 f.). Falls die Lebenstrauer nicht oder nur wenig bearbeitet wird, kann sie die Trauer bei einem Todesfall verstärken.

Die hier wirkenden Faktoren sind vielschichtig. Konnten die Eltern des Menschen mit Behinderung sich beispielsweise selbst Hilfe holen und Sinn in der Behinderung des Kindes finden, wird es dem erwachsenen Menschen mit Behinderung leichter fallen, sich selbst Unterstützung zu holen und mit Verlusten umzugehen. Menschen, denen ein Leben lang vermittelt wurde: »Ich habe dich so nicht gewollt«, wird es vermutlich schwerer fallen zu trauern.

Es ist auch möglich, dass frühere Verluste gar nicht erkannt wurden und damit unbetrauert blieben. So kann ein Kind mit Behinderung beispielsweise Verlusterfahrungen erlebt haben, als es selbst bemerkte, dass jüngere Geschwister mehr Worte sprachen oder besser rechnen lernten. Wenn sie das nicht ausdrücken konnten und andere Menschen sie nicht danach gefragt haben, bleibt die Trauer unbearbeitet. Diese Altlasten sind meist der trauernden Person selbst, den Angehörigen und Begleitern nicht bewusst.

Als Mediator 5 nehmen die Persönlichkeitsvariablen des Trauernden großen Einfluss auf den Trauerprozess. Menschen haben unterschiedliche Strategien, Probleme zu lösen und Krisen zu meistern.

In einer Studie (Harvard Child Bereavement Study von 1996, vgl. Worden, 2011, S. 70) konnte gezeigt werden, dass Kinder und Erwachsene, die die aktiv-emotionale Bewältigungsstrategie nutzen und die Fähigkeit haben, Situationen neu zu definieren, am besten in ihrem Trauerprozess voranschreiten (zit. nach Worden, 2011, S. 70). Sich aktiv-emotional mit Krisen auseinanderzusetzen, bedeutet, sich Problemen zu stellen und diese in der Gefühlswelt zu bearbeiten. Ein Mann, der sich nach der Trennung von seiner Freundin ein Hobby sucht, Wohnungsangelegenheiten regelt, sich mit seinen Freunden trifft und ihnen von seiner Traurigkeit, Wut und Einsamkeit erzählt und diese durchlebt, wäre ein Beispiel für eine aktiv-emotionale Bewältigung.

Als weniger bis nicht effektiv wird der problemlösende Bewältigungsstil beschrieben. Worden geht davon aus, dass Personen mit einem solchen Bewältigungsstil nur einige Versuche unternehmen und beim Scheitern schnell aufgeben, das Problem lösen zu wollen. Sich eine neue Freundin zu suchen, *ohne* sich mit dem Verlust der alten Beziehung zu befassen, wäre ein problemlösender und weniger effektiver Zugang.

Ebenfalls als nicht hilfreich in der Bearbeitung des Trauerprozesses ist der vermeidend-emotionale Bewältigungsstil, welcher Leugnung, Ablenkung und Schuldzuweisung umfasst (Worden, 2011, S. 70). Das Leugnen von Trauer oder sogar des Todes der Person würden den Trauerprozess vollkommen blockieren, weil Akzeptanz des Todes und das Durchleben der Gefühle notwendig für die Bearbeitung sind.

Kurzzeitig sind die Fähigkeiten des Leugnens und Vergessens jedoch notwendig, um zu überleben. Stellen Sie sich vor, Sie könnten sich an alles Geschehene erinnern. Ihr Kopf würde platzen. Das kurzzeitige Leugnen eines Problems hilft uns, uns abzulenken und nach einer erholsamen Pause mit neuer Kraft an die Lösung zu treten.

Kinder machen das besonders stark. Im einen Moment sind sie tief in ihrer Trauer und im nächsten spielen sie. Man spricht bei Kindern auch von Pfützentrauer. Sie springen in die Trauer hinein wie in eine Pfütze. Sie sind plötzlich tief traurig und im nächsten Moment hüpfen sie aus der Trauer heraus und spielen fröhlich. Diese Pfützentrauer hilft den Kindern, sich immer wieder zu regenerieren. Vielleicht kennen Sie es von sich selbst. Sie ärgern sich stark über etwas. Nachdem Sie sich damit beschäftigt haben, können Sie sich aber wieder ablenken und anschließend mit einem anderen Blick auf die Sache schauen. Wenn

Sie in einer Begleitung diese scheinbar hinderlichen Strategien erkennen, geben Sie der trauernden Person Zeit und erkunden Sie, ob die Strategien möglicherweise nur kurzzeitig genutzt werden und damit hilfreich sind.

Mit Mediator 6 werden die sozialen Variablen betrachtet. Aberkannte Trauer, mangelnde soziale Unterstützung und ein fehlendes soziales Netzwerk stellen Risikofaktoren dar. Die Zufriedenheit mit erhaltener Unterstützung und die Einnahme verschiedener sozialer Rollen (Elternteil, Partner/-in, Arbeitnehmer/-in, Freund/-in) stellen Schutzfaktoren dar (Worden, 2011, S. 79). Entgegen gesellschaftlicher Trends kann Gemeinschaft gelebt werden. Das gemeinsame Durchleben von Trauer in Wohneinrichtungen und an der Arbeitsstelle kann einen großen Schutzfaktor für Menschen mit Behinderung darstellen.

Als letzter Risikofaktor sind gleichzeitig auftretende Belastungen zu benennen (Worden, 2011, S. 80). Diese beleuchtet Mediator 7. Eine Vielzahl von Verlusten ist bei dem Tod eines nahestehenden Menschen bei einem Menschen mit einer Behinderung wahrscheinlich. Stirbt die Mutter eines Menschen mit Behinderung, so fehlt nicht nur eine sichere Bezugsperson. Auch die finanzielle Unterstützung der Mutter bricht weg, und der oder die Trauernde muss mit den staatlichen Geldern auskommen. Und vielleicht ist es der wöchentlich mitgebrachte Streuselkuchen nach Familienrezept, der ebenfalls vermisst wird.

Neben der Einschätzung von Risiko- und Schutzfaktoren können die Mediatoren dazu genutzt werden, den Trauerprozess zu analysieren und in unterschiedliche Formen zu kategorisieren.

Die erste Form ist die nicht-erschwerte Trauer. Diese Form nimmt ihren natürlichen Gang und wird von circa 80 Prozent der Trauernden erlebt (Paul, 2011, S. 74). Die zweite Form der Trauer wird als erschwerte Trauer bezeichnet und ist gekennzeichnet durch ein ungünstiges Verhältnis von Risikofaktoren und Schutzfaktoren (Paul, 2011, S. 75).

Der Begriff »erschwerte Trauer« wird vorrangig als Prognose für die dritte Form der Trauer verwendet, die komplizierte Trauer oder verlängerte Trauerstörung. Komplizierte Trauer zeigt sich in anhaltendem Seelenschmerz, starker Verzweiflung, Sehnsucht nach dem Verstorbenen und dem Unvermögen, sich aktuellen Lebensereignissen zuzuwenden (Paul, 2011, S. 79).

Die vierte Form, die ein Trauerprozess haben kann, ist die traumatische Trauer. Sie beschreibt Trauer, die von traumatischen Erlebnissen geprägt ist (Paul, 2011, S. 80). Diese Erlebnisse können im Leben der trauernden Person lange vor dem Sterben der verstorbenen Person oder während des Sterbens und in direkter Verbindung mit dem Tod der verstorbenen Person geschehen. Ebenso wie eine posttraumatische Belastungsstörung kann diese Form erst ab sechs Monaten nach dem Sterben diagnostiziert werden (Paul, 2011, S. 80 f.). Die Einteilung ist vorsichtig zu nutzen, da uns Trauer in Verlustzeiten an sich gesund hält. Die Kategorisierung hingegen kann dazu verleiten, Trauer als krank beziehungsweise krankmachend zu verstehen.

Die Mediatoren helfen uns, Trauerreaktionen zu verstehen, unterschiedlichste Einflüsse auf die trauernde Person zu erfassen und entsprechend Angebote für die trauernde Person zu planen.

Von der Defizitorientierung zur Ressourcenorientierung

Wenn wir Menschen begleiten, können wir dazu unterschiedliche Sichtweisen einnehmen. Lange wurde und teilweise wird in der Betreuung und Begleitung von Menschen mit Behinderung eine defizitorientierte Sichtweise eingenommen. Dazu wird gefragt: Was kann der Mensch nicht, was ist krank an ihm, wie können wir das ändern? Diese Sicht kennen wir größtenteils aus der klassischen Schulmedizin. Ein Mensch ist krank und soll geheilt werden.

Wenn wir trauernden Menschen mit Behinderung mit dieser Sicht begegnen, birgt das einige Gefahren: Stellen Sie sich vor, dass ein Angehöriger, eine Pädagogin oder ein Freund in Ihnen vor allem das sieht, was sie nicht können, was vermeintlich schlecht an Ihnen ist. Wie würde es Ihnen damit gehen? Möglicherweise würden Sie sich hilflos, unfähig zu handeln und klein fühlen. Diese Gefühle würden von Seiten des Begleiters auch noch amtlich bestätigt (Herriger, 2010, S. 70 f.).

Außerdem gäbe es eine Ungleichheit in der Beziehung. Die begleitende Person gibt in einer defizitorientierten Haltung den Weg vor. In der Medizin kann es hilfreich sein, dass der Arzt oder die Ärztin uns den Weg weist und die Krankheit beheben will, in der Begleitung trauernder Menschen mit Behinderung jedoch nicht. Menschen mit Behinderung finden sich ohnehin in der Gefahr, dass ihnen Wissen und Willen abgesprochen werden. »Es ist besser für ihn, wenn er nicht zu Beisetzung geht«, hört man dazu beispielsweise. Auch wenn dahinter eine gute Absicht stecken mag, findet eine Bevormundung statt. Diese Form von Bevormundung wird keinem Kind und keinem Erwachsenen mit und ohne Behinderung gerecht. Wenn Menschen von der Information über den Tod ausgeschlossen werden, fühlen sie, dass sie außen vor sind, und erlernen möglicherweise, dass man über den Tod und damit verbundene Gefühle nicht spricht (Luchterhand u. Murphy, 2001, S. 33 f.). Menschen mit Behinderung haben ein Recht auf Trauer und ein Recht darauf, von dem Tod eines Angehörigen zu erfahren wie jeder andere Mensch auch.

An einem Bild lässt sich die defizitorientierte Sicht erklären. Es ist das Bild des Flusses als unser Leben. Der Fluss ist reißend, hat Gabelungen und Stromschnellen. Niemand von uns geht sicher am Ufer entlang, wir alle schwimmen in dem Fluss (Antonovsky, 1997). In der defizitorientierten Sicht würde man nun fragen: Wie kann ich den Schwimmer aus dem Fluss retten? Wie bewahre ich ihn vor den Gefahren und Strömungen? Übertragen auf die Trauerbegleitung würde man fragen: Wie kann ich den Menschen vor Trauer schützen? Wie kann ich ihn vor Gefühlen wie Wut, Angst und Verzweiflung bewahren?

Dieser Haltung setzen wir die Ressourcenorientierung entgegen. Wir stützen uns auf das Menschenbild der humanistischen Psychologie und gehen davon aus, dass der Mensch Experte seines Lebens und seiner Trauer ist. Der oder die Trauernde verfügt über alle Ressourcen, die er oder sie benötigt, um gut durch den Fluss zu kommen. Es kann sein, dass diese Ressourcen verschüttet sind. Unsere Aufgabe in der Begleitung ist es, die Ressourcen gemeinsam mit dem oder der Trauernden zu entdecken und freizuschaufeln (Rechenberg-Winter u. Fischinger, 2010, S. 99). Wir stellen dazu die Frage: Was macht den Menschen zu einem guten Schwimmer? Was benötigt der oder die Trauernde, um seine oder ihre Trauer in allen Facetten zu erleben und auszuleben?

Hilfreich ist schon das alleinige Vertrauen in die oder den Trauernden, in die Stärken und in das Expertenwissen über sich selbst. Stellen Sie sich vor, dass Ihnen eine begleitende Person gegenübersitzt, die ausstrahlt und sagt: »Du schaffst das und ich glaube an dich!« Diese Haltung ist wohltuend und lässt Trauernde wachsen. Wenn Sie diese Haltung vertreten, stärken Sie Ihr Gegenüber und erweitern damit dessen Handlungsfähigkeit.

Darum soll es in diesem Buch immer wieder gehen. Wie kann der trauernde Mensch mit Behinderung so gestärkt werden, dass er selbst aktiv wird? Was können Sie tun, damit der oder die Trauernde etwas tun kann? Diese stärken- und handlungsorientierte Sicht ist ein Geschenk für den Trauernden oder die Trauernde. Gut zu wissen ist dabei, dass Menschen, die viele Ressourcen haben, noch mehr Ressourcen bekommen. Eine gute Begleitung in der Trauer zieht sicherlich noch mehr Ressourcen nach sich.

Handlungsweisende Erkenntnisse

Resilienzförderung

Resilienz, die psychische Widerstandsfähigkeit von Menschen, ist keine feste Eigenschaft und kein dauerhafter Zustand. Sie kann verändert und vor allem erweitert werden. Es gibt die Möglichkeit, Risikofaktoren zu senken und Schutzfaktoren zu erhöhen.

In der Begleitung trauernder Menschen mit Behinderung befassen wir uns vor allem mit der Erhöhung von Schutzfaktoren. Dazu wird die Eigenaktivität der trauernden Menschen mit Behinderung gefördert. Die Zeit der Trauer kann geprägt sein von dem Gefühl der Ohnmacht. Der Tod eines Menschen geschieht, ohne dass man etwas dagegen tun kann. In der Begleitung Trauernder kann dazu immer wieder gefragt werden: Wie kann der oder die Betroffene Handlungsfähigkeit erlangen?

Die sozialen Kompetenzen können in der Begleitung ebenfalls gesteigert werden. Wer sich Hilfe holen kann, ist resilienter und geht besser durch Krisen und Trauer. In der Begleitung kann dazu das Selbstwertgefühl durch eine ressourcenorientierte Haltung gesteigert werden. Mit einem höheren Selbstwertgefühl fällt es leichter, auf andere Menschen zuzugehen und sich Unterstützung zu holen. Auch können in der Begleitung konkrete Strategien entwickelt werden, wie man sich Hilfe holt.

Die Selbstregulation, also der Umgang mit Gefühlen, kann in der Begleitung ebenfalls eine Rolle spielen. Hat der oder die Trauernde Möglichkeiten, seine oder ihre Gefühle auszudrücken und auch gehört zu werden? Dazu braucht es keine aktive Sprache. Malen, Wandern, Schreien und viele andere Möglichkeiten helfen trauernden Menschen mit Behinderung, ihre Gefühle auszuleben und sich selbst regulieren zu lernen.

Bewältigung erkennen und unterstützen

Menschen in Trauer unternehmen unterschiedlichste Versuche, um ihre Trauer zu bewältigen. Unsere Aufgabe ist es, die Bewältigungsversuche als solche zu erkennen und zu unterstützen. Die Bewältigungsversuche können dabei *effektiv* und *ineffektiv* sein.

Wenn ein Mensch beispielsweise bestimmte Räume meidet oder herausforderndes Verhalten zeigt und viel Streit sucht, kann dies als Versuch der Trauerbewältigung zu deuten sein. Auch wenn es für uns manchmal nicht erkennbar ist, haben solche *ineffektiven* Bewältigungsversuche für den Trauernden ihren Sinn. Der Mensch, der nicht mehr in den Speisesaal möchte, wird dort schmerzlich an seinen Freund erinnert, der beim Essen neben ihm saß. Die Frau, die scheinbar ohne Grund losschreit, hat keine andere Möglichkeit, ihre Wut über den Tod ihres Mannes auszudrücken. Als begleitende Personen können wir die Bewältigungsversuche erkennen und anerkennend sagen: »Sie werden hier im Speisesaal an ihren Freund erinnert. Darum möchten Sie nicht hinein« oder »Sie sind wütend, weil ihr Mann gestorben ist, ohne dass Sie etwas tun konnten. Darum schreien Sie«.

Im zweiten Schritt können *effektive* Bewältigungsstrategien gesucht werden. Der Mann, der den Speisesaal meidet, kann sich in seinem Zimmer eine Erinnerungsecke einrichten. Ein Foto und ein Brettspiel, das er mit seinem Freund so gern gespielt hat, stehen dort und erinnern ihn an seinen Freund. Er kann traurig sein, wann er möchte, und sich erinnern, wenn es ihm gut tut. Die Frau geht zusammen mit einer Trauerbegleiterin in den Wald. Dort darf sie laut schreien. Die Wut bekommt so einen Platz und darf sein.

Trauerarbeit ist Beziehungsarbeit

Die Beziehung von Mutter und Tochter, Trauerbegleiterin und Trauerndem, Heilerziehungspflegerin und Bewohner ist der

Rahmen, in dem die Begleitung des Trauernden stattfindet. Eine Atmosphäre, die von Wärme geprägt ist und in welcher der oder die Trauernde das Gefühl hat, so sein zu dürfen, wie er oder sie ist, ist förderlich für den Trauerprozess. Dazu gehören die bedingungslose Akzeptanz der gezeigten Gefühle und benannten Gedanken. Als Begleiterin oder Begleiter sind Sie das wertvolle Gegenüber, das Gefühle wahrnimmt und aushält. Ohne ein Gegenüber könnten die Traueraufgaben nur ansatzweise bearbeitet werden.

Ein Beispiel

Ines ist 17 Jahre alt, ihre Oma, zu der sie eine enge Beziehung hatte, ist verstorben. Ines trauert offensichtlich um die Oma und verletzt sich selbst durch Schläge und Aufkratzen der Unterarme. Die Mitbewohner können ihr selbstverletzendes Verhalten und ihre Wutausbrüche nicht nachvollziehen, da sie nicht nur im Umgang mit der Oma, sondern auch mit den Mitbewohnern liebevoll bemüht war. Sie verneinen immer wieder Ines' Selbstbeschuldigung »Ich bin böse!«, was jedoch keine Verhaltensänderung bewirkt. Erst auf weitere Nachfrage der Bezugsbetreuerin erklärt Ines ihre Wut auf sich selbst und hat das Glück, dass die Pädagogin Verständnis zeigt, indem sie sagt: »Das glaube ich dir, dass dich die Gedanken wütend machen.« Gemeinsam mit Ines sucht sie einen Weg, mit der Wut angemessen umzugehen, sprich: nicht andere oder sich selbst verletzend. Zusammen reflektieren sie die Schuldgedanken von Ines, wechseln den Blickwinkel darauf – wobei die Betreuerin nicht Gedanken aus der Omasicht äußert, sondern Ines durch Fragen anregt zu erkennen, dass Omas Tod auch nicht durch noch mehr Besuche und Liebe zu verhindern gewesen wäre. Um eine weitere Entlastung zu schaffen, bietet die Betreuerin Ines an, einen Bildbrief an die Oma zu malen, in dem sie sich für noch anhaltende Gefühle entschuldigen oder erklären kann.

Das Wahrnehmen eines trauernden Menschen und das Annehmen der vorhandenen Gefühle und Gedanken schaffen eine entspannende Atmosphäre. Die durch wertschätzende Fragen angeregte Reflexion kann den Raum für die Auseinandersetzung mit der eigenen Trauer ermöglichen.

Reflexion des eigenen Handelns

Besonders im professionellen Kontext sind wir dazu aufgefordert, unser eigenes Handeln zu reflektieren und zu prüfen. Theorien helfen uns dabei, die Wirksamkeit unseres Handelns zu überdenken und unser Handeln zu begründen (Haeberlin, 2005, S. 345; Schärer-Santschi, 2012, S. 37). Nehmen Sie sich vor und nach der Trauerbegleitung Zeit zur Planung und Reflexion.

Hilfreiche Fragen dazu sind:
- Hatte ich eine Idee oder einen Grund, das Angebot (zum Beispiel einen Friedhofsbesuch) zu machen?
- Ist mein Angebot geglückt? Woran mache ich das fest?
- Welche Ideen leite ich daraus für die nächste Begleitung ab?
- Was habe ich beobachtet?
- Lässt sich die Situation auch anders beobachten?

Mit diesen Fragen eröffnen wir uns selbst neue Perspektiven. Wer sich fragt, ob man die Situation anders beobachten könnte, kann neue Ressourcen entdecken und Momente besser einordnen.

Ein Beispiel

Auf einer Familienfreizeit für Familien, deren Kinder lebensverkürzend erkrankt sind, findet morgens ein gemeinsames Frühstück statt. Eine Mutter zweier solch kranker Kinder schläft noch, während die anderen Familien bereits frühstücken. Zwei Kinderkrankenschwestern, welche unterstützend vor Ort sind, wollen die Familie beim Aufstehen unterstützen. Sie wecken die Kinder, helfen ihnen beim Anziehen und bei der Morgentoilette, während die Mutter noch schläft. »Das ist unverschämt. Wir machen hier die Arbeit der Mutter und sie bleibt im Bett liegen«, sagt eine der Kinderkrankenschwestern.

Lässt sich diese Situation auch anders beobachten? Was meinen Sie? Die Seminarleitung spricht mit der Kinderkrankenschwester. »Die Mutter ist vollkommen erschöpft. Tag ein, Tag aus ist sie für zwei Töchter mit schweren Behinderungen allein verantwortlich. Sie ist am Ende ihrer Kräfte und weiß, dass hier andere Menschen sind, die einspringen können, und sie einen kleinen Moment der Erholung bekommen kann.«

Im Endeffekt können drei Seiten davon profitieren: die Mutter, weil sie sich ausruhen kann und weiß, dass ihre Kinder in dieser Zeit gut aufgehoben sind, die Kinder, weil ihre Mutter auf sie wieder entspannter reagieren kann, und die Kinderkrankenschwestern, weil sie erfahren, welchen praktischen und ideellen Wert ihre Arbeit hat.

Verstehbare Informationsgabe und Veranschaulichen

Damit Menschen mit Behinderung trauern können, müssen wir ihnen, so weit es geht, das Verstehen ermöglichen. Die Verwendung sogenannter *Leichter Sprache* kann dazu sehr hilfreich sein. Dabei wird auf lange Sätze und komplizierte Wörter verzichtet, um das Verstehen von Informationen zu gewährleisten. Hilfreich dazu kann das Veranschaulichen sein. Informationen können greifbar gemacht werden, indem beispielsweise Fotos eines Friedhofs gezeigt werden oder ein solcher besucht wird. Aber auch der oder die Trauernde selbst kann Emotionen, Fragen und Gedanken visualisieren. Weitere Hinweise finden Sie im Kapitel »Leichte Sprache in der Trauerbegleitung« (S. 120 ff.).

Fürsprechen

Begleitende von trauernden Menschen mit Behinderung haben auch einen gesellschaftlichen Auftrag. Sie können ihr Wissen über Trauer als natürliche Reaktion verbreiten. In Gesprächen mit Freunden und Nachbarn können Trauerbegleiterinnen und Trauerbegleiter das Recht auf Trauer von Menschen mit Behinderung verteidigen. Wenn es den Begleitenden dabei gelingt, im Sinne der Trauernden zu sprechen, kann damit etwas in Gang gesetzt werden.

Häufig werden Entscheidungen über die Köpfe von Menschen mit Behinderung hinweg getroffen. Funktionäre, Sachbearbeiter oder Professionelle mit eigenen Interessen fällen Entscheidungen an runden Tischen und übersehen dabei die Bedürfnisse der Menschen mit Behinderung (Schwalb u. Theunissen, 2009, S. 15).

Als Begleitende sind wir nah an den Menschen und können sie nach ihren Interessen und Wünschen fragen und dafür einstehen. Begleitende sind damit wertvolle Fürsprecher. Wir können eine Debatte in unserer Gesellschaft anstoßen und die Wünsche trauernder Menschen mit Behinderung in die Welt tragen. Damit stärken wir gleichzeitig die Ressourcen eines jeden Einzelnen. Denn wenn das Wissen um die Wichtigkeit von sozialer Unterstützung in der Gesellschaft ankommt, können die Menschen sich wieder gegenseitig unterstützen. Falsch macht es nur der, der gar nichts macht.

Menschen mit Behinderung in ihrer Trauer begleiten – in der Praxis

Dem Tod begegnen

Sie werden feststellen, dass es im folgenden Text Wiederholungen und Ähnlichkeiten gibt. Das ist bewusst so gesetzt, denn Sie werden dieses Buch wahrscheinlich nicht von vorn bis hinten an einem Stück durchlesen. Sie werden sich die Kapitel heraussuchen, die Sie ansprechen. Daher haben wir wichtige Hinweise mehrfach im Buch untergebracht, damit Sie diese auf jeden Fall lesen, egal wo Sie beginnen.

Menschen mit Behinderung wurden in der Vergangenheit häufig von dem Wissen und der Alltagsrealität des Todes ausgeschlossen. Sie erhielten sprachliche Informationen zum Tod, die ihnen aufgrund des fehlenden Dabeiseins oder der Unbegreiflichkeit der gesprochenen Worte unverständlich waren. Häufig ignorierte man ebenfalls ihr Erleben von Abschied und Tod, das jedem Menschen in der Natur oder einer Lebensgemeinschaft eines Tages begegnen wird.

Heute ändern sich viele Tabus dank der Öffentlichkeitsarbeit von Hospizen und Trauerbegleitung. Es wird immer mehr akzeptiert, dass dort, wo Leben stattfindet, auch die Themen Sterben, Tod und Trauer nicht ignoriert werden dürfen.

Wenn es aber schon für Menschen ohne Behinderung aufgrund der bisherigen gesellschaftlichen Berührungsängste ein oftmals schwieriges Thema ist, an das man sich herantasten muss, wie mag es dann Menschen mit Behinderung gehen, denen weniger Informationen durch die Medien zukommt beziehungsweise diese unverständlich sind, da dort nicht mit einfacher Sprache gesprochen wird? Es wird deutlich, dass Menschen mit Behinderung davon profitieren, wenn ihre Bezugspersonen sich mit der Thematik Abschied, Sterben, Tod und Trauer persönlich auseinandersetzen und sich nicht vor Fragen, Gesprächen und Abschiedssituationen fürchten. Es darf nicht sein, dass Kinder, Jugendliche oder erwachsene Menschen mit Behinderung vom Kranken- oder Sterbebett beziehungsweise von der Beerdigung eines ihnen lieben Menschen ferngehalten werden, nur weil der Betreuer oder die Betreuerin ein persönliches Problem damit hat.

Wo begegnen Menschen mit und ohne Behinderungen von Kind an bis ins Erwachsenenalter Tod, Abschied und Vergänglichkeit? Die Geburt ist das erste Erleben von Abschied aus einer begrenzten Geborgenheit in die Welt hinein. Nach und nach folgen weitere Abschiede, die als schmerzlich, befreiend oder als normal eingestuft werden. Die Trennungen von Menschen, Gegenständen, Orten oder Lebensstationen können uns die Bewältigung der damit einhergehenden Gefühle lehren.

Da Abschiede oftmals traurig sind, bietet es sich an, diese schon im Kleinen von Kindesbeinen an zu üben. Eltern, die sagen: »Mein Kind soll nicht traurig sein!« oder »Mein Kind hat schon mit einer Krankheit oder Behinderung zu kämpfen, sein Leben soll durch Traurigkeit nicht noch mehr beschwert werden«, bieten ihren Kindern keine Übungsmöglichkeiten für Krisenzeiten an. Sich mit Verlusten auseinanderzusetzen und dabei die Eltern als Stütze und Orientierung im Hintergrund hilfreich zu erleben, ist wünschenswert. Denn auch im ganz normalen Alltag werden wir schon früh mit Tod, Abschied und Trauer konfrontiert (Schroeter-Rupieper, 2016, S. 11):
- Das Kaninchen stirbt.
- Die Blume auf der Fensterbank ist verdorrt.

- Im Fernsehen wird ein Kriegsgebiet gezeigt.
- Die Kinder spielen Räuber und Gendarm und erschießen sich im Spiel.
- Der Bestatter hat einen Sarg und eine Urne im Schaufenster stehen.
- Das Spielzeugwarengeschäft ist zu Halloween mit Skeletten geschmückt.
- Ein Baby stirbt nach der Geburt.
- Eine Mutter hat eine Fehlgeburt.
- Mitmenschen wenden sich ab und wechseln die Straßenseite.
- Eine Pusteblume löst sich auf, eine Seifenblase platzt.
- Im Märchen stirbt die böse Hexe.
- Die Oma stirbt.
- Die Kindergarteneinrichtung ändert sich.
- Ein Wechsel zur Förderschule findet statt.
- Ein Mitschüler, eine Werkstattkollegin, ein Mitbewohner stirbt.
- Die Eltern trennen sich.
- Auf einem Friedhofsgrab werden Kerzen entzündet.

Weitere Verluste schließen sich bis zu unserem eigenen Sterben an. »Abschied muss man üben«, singt Heinz Rudolf Kunze in einem Lied. Wir müssen es üben, weil die hilfreichen Bewältigungsstrategien, die wir dabei entwickeln, uns bei größeren Abschieden bis hin zu unserem eigenen Sterben eine Unterstützung sein werden. Übergänge im Leben benötigen Energie und sind meist mit Anstrengung, sprich Trauerarbeit, verbunden. Erfolgreiche Bewältigungsstrategien werden zu Ressourcen, auf die Trauernde immer wieder zurückgreifen können. Bei Menschen mit Behinderungen können noch weitere Umbruchsituationen im Leben hinzukommen, da sie eventuell nach einer inklusiven Kindergartenzeit auf eine Förderschule wechseln, während die Kitafreunde und -freundinnen die Grundschule in der Nachbarschaft besuchen.

Krankenhausaufenthalte, Rehakuren, Ausgrenzung in der Nachbarschaft, das Erleben von Frustration bei Familienangehörigen aufgrund von Erschwernissen durch die Behinderung oder Intoleranz der Gesellschaft, Umzug in eine Wohneinrichtung für jüngere Menschen mit Behinderung, Wechsel der Einrichtung, Umzug innerhalb der Einrichtung, Weggang von Mitbewohnern, Arbeitskolleginnen oder Betreuern, Verlust des Arbeitsplatzes aufgrund einer fortschreitenden Beeinträchtigung, Verrentung, Tod von Mitbewohnern, Eltern oder Betreuerinnen können insbesondere das Leben von Menschen mit Behinderungen erschweren, wenn sie auf die Unterstützung in Verlustsituationen auf Begleitende angewiesen sind.

»Die Erfahrung lehrt uns, dass die Art und Weise, auf die geistig behinderte Menschen mit Krankheit, Tod und Trauer umgehen, Übereinstimmung hat mit der Art und Weise, wie Kinder in einer bestimmten Phase ihres Lebens damit umgehen« (van Keersop u. van de Kerkhof, 1994, S. 10, zit. nach Bosch, 2012, S. 42). Der Grad des kognitiven Verständnisses und der Lebenserfahrung spielt eine Rolle dabei, wie ein Verlust begriffen wird. Nur das, was ich als Verlust und in seiner Dimension begreife, kann ich betrauern. Das geschieht manchmal ad hoc, meist auch später noch nach und nach.

Es gibt nicht *den* Menschen mit einer Behinderung und nicht *die* Frauen und *die* Männer, die man pauschalisieren kann. Menschen mit einer Behinderung sind genauso verschieden wie diejenigen ohne Behinderung.

Das Wissen von Verlust und Tod ist nicht nur abhängig von dem Grad der Behinderung, sondern auch vom Erleben und Lernen in der Ursprungsfamilie, Kita, Schule und eventuell Wohneinrichtung. Nicht alle Menschen mit Behinderung haben beispielsweise die Möglichkeit, an einem Schaufenster eines Bestatters vorbeizukommen, wenn das Geschäft außerhalb der alltäglichen Reichweite liegt oder der Mensch fast ausschließlich im Auto oder Bus von A nach B transportiert wird. Sie sind davon abhängig, was ihnen gelehrt und gezeigt wird, ob sie den Tod im nahen Umfeld erfahren dürfen, auch ob ihnen weitere Informationsquellen wie Bücher, Fernsehen und Internet zur Verfügung stehen.

Haben Bezugspersonen mit Verlustsituationen und der damit einhergehenden Traurigkeit Probleme, kann es möglich sein, dass sie dieses Thema bewusst bei Menschen mit Behinderungen auslassen. Das bedeutet im Klartext: Weil zum Beispiel der Pädagoge ein Verlustproblem hat, macht er seine eigene Schwierigkeit beziehungsweise Störung zu der des ihm anvertrauten Menschen.

Das Trennungs- und Todesverständnis von Menschen mit und ohne Behinderung

Unser Buch soll handhabbar und brauchbar für praktische Arbeit sein. Damit Sie eine Orientierung zum Trennungs- und Todesverständnis des trauernden Menschen in ihrer Begleitung erhalten, wird die Ausprägung von Behinderung mit dem Entwicklungsalter von Kindern und Heranwachsenden verglichen. So können Sie einschätzen, wie viel der jeweilige Mensch über den Tod verstehen und welche Unterstützung helfen kann.

- »Sehr schwere geistige Behinderung: IQ bis 20, kognitives Entwicklungsalter 0 bis 3 Jahre
- Schwer geistig behindert: IQ 20 bis 40, kognitives Entwicklungsalter 3 bis 5,5 Jahre
- Mäßig geistig behindert: IQ 40 bis 55, kognitives Entwicklungsalter 5,5 bis 8 Jahre
- Leicht geistig behindert: IQ 55 bis 70, Entwicklungsalter 8 bis 12 Jahre« (Bosch, 2012, S. 42).

Die Einteilung in unterschiedliche Schweregrade von Behinderung ist ein gutes Beispiel für Widersprüche von Theorie und Praxis. Nicht immer kann uns die Theorie die Praxis so erklären, wie sie unserem Menschenbild entspricht. Hier möchten wir ganz besonders davor warnen, erwachsene Menschen mit Behinderung mit Kindern gleichzusetzen. Erwachsene Menschen haben eine ganz andere Biografie, eine Geschichte. Sie sind in und an ihrem Leben *erwachsen*.

Ähnlich wie die Kategorisierung von Trauerformen kann die Einteilung in unterschiedliche Ausprägungen von Behinderung Nachteile haben. Das Todes- und Trennungsverständnis ist unter anderem abhängig von der eigenen Lebenserfahrung, den Informationen und der Hilfe, die den betroffenen Menschen in Verlustsituationen entgegengebracht wurde. Es wird Menschen mit einer Behinderung geben, die mehr verstehen als Menschen ohne Behinderung, denen man keine Erklärungen zum Umgang mit dem Tod gab und denen man angemessene Gefühlsäußerungen versagt hat. Es wird daher Menschen geben, die viel, wenig oder kaum Empathievermögen besitzen – ja, und es ist möglich, dass ein Mensch mit einer schweren Behinderung mehr emotionale Intelligenz besitzt als ein finanziell erfolgreicher Geschäftsmann.

Dennoch ist die Anlehnung des Todesverständnisses von Menschen mit Behinderung an die Entwicklung des Todesverständnisses von Kindern hilfreich. Wir nutzen sie, um eine Orientierung zu bekommen, was Menschen grundsätzlich in Verlustsituationen begreifen.

Auch Männer und Frauen ohne eine Behinderung zeigen manchmal *kindliche* Reaktionen auf. Obwohl ihnen bewusst ist, dass der verstorbene Mensch nicht zurückkommen kann, bitten sie ihn manchmal darum oder hoffen, ihn wieder zu Hause anzutreffen. Als Begleitende müssen wir uns ins Bewusstsein rufen, dass es sich um erwachsene Menschen mit Reaktionen auf eine ungewohnte, *ver-rückte* Situation handelt. Auf dieser Grundlage kann die Einteilung gut genutzt werden, um die Begleitung zu planen und bestimmtes Verhalten zu verstehen.

Erwachsene Menschen mit Behinderung sind keine Kinder. Sie haben ein höheres Alter, körperliche und geistige Reife und eine andere Biografie. Der Vergleich hier ist notwendig, um das Todesverständnis in all seinen Facetten grundsätzlich zu veranschaulichen.

Wahrscheinlich werden Sie hier und da den einen oder anderen großen oder kleinen Menschen mit und ohne Behinderung aus ihrem sozialen Umfeld wiederfinden. Aus unserer eigenen Berufserfahrung werden wir dafür Praxisbeispiele einbringen.

Das Trennungs- und Todesverständnis von Säuglingen und Kleinstkindern von 0 bis 3 Jahren

- Sie erkennen vertraute Personen und können Bindungen aufbauen; sie erleben aufgrund von Bindung Verluste und kennen Verlassenheit.
- Sie verstehen die Bedeutung von Tod nicht, der Tod ist keine Erfahrungswelt.
- Sie kennen Warten und haben Suchen-Fragen wie: »Wann kommt ... wieder?« Sie warten ab.
- Sie nehmen Stimmungen in Trauersituationen wahr und reagieren darauf mit Weinen, Unruhe, Wut, Angst und Ähnlichem.
- Weitere Trauerreaktionen erfolgen nur bei einem tatsächlich begriffenem Verlust.
- Ein 2-jähriges Kind kann schon trösten, wenn es das selbst erleben und erlernen durfte.

Gefühlsreaktionen setzen meist erst nach und nach ein und sind in der Regel nicht im Zusammenhang mit dem eigentlichen Verlust erkennbar. Sie können missverstanden werden, wenn die Bezugspersonen nicht um das Entwicklungsverständnis oder den Verlust wissen. Denn je weiter die kognitive Entwicklung voranschreitet, desto mehr wird der Verlust begriffen und dementsprechend betrauert. Bestenfalls dürfen Menschen in die Welt der Gefühle *hineinwachsen*.

Einige Beispiele
Anfangs vermisste die 3-jährige Paula den verstorbenen Vater beim gemeinsamen Abendessen sehr, sprich, in einer gewohnten Situation. Die Mutter konnte das Mädchen jedoch vertrösten, indem sie ihr eine lange Gute-Nacht-Geschichte versprach. Daraufhin vergaß das Kind seinen Kummer und freute sich auf die Geschichte, nicht wissend, dass der Vater auch im Anschluss daran noch fehlen würde.

Erst mit der weiteren Entwicklung wird Paula anhand von Lebenssituationen wie zum Beispiel der Einschulung begreifen, dass ihr Papa fehlt und auch weiterhin nicht wiederkommen wird. Damit wird sie dann erst diesen Verlust in einer noch größeren Dimension begreifen. Das bedeutet eine erneute Verlusterfahrung, die wiederum einen Trauerprozess in Gang setzen kann.

Der 3-jährige Simon erfährt, dass seine Mutter sterben wird. Das ist für ihn kein Grund, traurig zu sein. Er weint aber heftig, als er kein Eis bekommt, was er sich gewünscht hat.

Der 53-jährige Thomas, der in einer Wohneinrichtung lebt, wird ärgerlich, als er erfährt, dass wegen der Beerdigung seines Kollegen, mit dem er zusammen ein Zimmer bewohnt, die Karnevalsfeier verschoben wird. Der Tod des Freundes lässt ihn scheinbar unberührt.

Für Simon ist der Tod so unverständlich, dass er für ihn keine Bedeutung hat. Kein Eis zu bekommen, das hat er schon einmal erfahren und versteht er jetzt als Verlust, der ihn traurig macht und weinen lässt. Sowohl er als auch der 53-jährige Thomas betrauern nur das, was sie als Einbuße begreifen.

Die 17-jährige Angelina wurde in einer Pflegeeinrichtung betreut, da ihre alleinerziehende Mutter verstarb. Die junge Frau wurde immer wieder unruhig und klagte leise vor sich hin. Sobald einer der Betreuer sich ihr zuwandte, die Spieluhr aufzog oder ein Lied sang, reagierte sie entspannt darauf und stellte das Klagen für eine Weile ein.

Bei Angelina kann es sein, dass sie aufgrund der Situation länger anhaltende Verlassensängste erlebt. Die Erklärung, dass die Mutter verstorben ist, kann sie nicht verstehen. Sterben ist ihr kein Begriff, hat für sie keine Bedeutung. Die junge Frau hat dazu keine Erfahrungswerte. Sie kann aufgrund von fehlender kognitiver Reifung nicht unterscheiden, dass andere Mitbewohner Elternbesuch erhalten, weil deren Eltern noch leben, und dass ihre Mutter nicht mehr kommt, weil sie tot ist. Sie kann den Verlust und seine Konsequenz gedanklich nicht nachvollziehen. Somit kann der Tod der Mutter eine schmerzhafte emotionale Verlusterfahrung bleiben, die auf Dauer, bildlich gesprochen, keine offene Wunde, aber eine empfindsame Narbe hinterlassen wird.

› Was beim Verlusterleben helfen kann:
Feste Rituale wie ein geregelter Tagesablauf sorgen für Sicherheit in einer Zeit, in der sich vieles unsicher anfühlt. Ist durch den Tod eines nahestehenden Menschen auf einmal alles verändert, wird diese bekannte Struktur Orientierung bieten.
Vertraute Bezugspersonen, die die Sorge vor weiteren Verlustängsten nehmen, sind hilfreich. Gibt es diese Personen nicht, ist es wichtig, neue Beziehungen aufzubauen, Bezugsbetreuer/-innen zu haben.

Wahrnehmen von Gefühlen: »Ich sehe, dass du traurig bist, dass du dich verlassen fühlst. Ich bin in der Nähe, du bist nicht allein.«
Emotionale Zuwendung und liebevolle Begleitung werden in einer Zeit unterstützend sein, wenn der Verlust schmerzt und traurig macht. So kann durch die Auseinandersetzung mit kleinen und großen Abschieden gelernt werden, dass der große Schmerz vorübergeht. Trauernde Menschen entwickeln dadurch *Überlebensstrategien* und die Hoffnung, dass es zwar anders, aber wieder gut werden kann. Ressourcenbildung könnte man es auch nennen.

Kleine Verluste sind das ideale Lernmodell, da Menschen, die auf Hilfe angewiesen sind, durch Eltern und Bezugspersonen erlernen können, Abschiede zu überleben. Sie können Hoffnung schöpfen, trotz Verlust und Trauerschmerz weiter versorgt zu werden, zu überleben und bestenfalls gut weiterzuleben. So lernen sie, trotz Verluste Vertrauen in das Leben zu bekommen.

Das Trennungs- und Todesverständnis von 3- bis circa 5,5-jährigen Kindergartenkindern

- Ab dem dritten Lebensjahr erlangen Kinder das Ich-Bewusstsein und erleben sich als Mittelpunkt der Welt. Damit vermuten sie manchmal, dass sie Geschehnisse wie den Tod beeinflussen können.
- Sie können sich kaum in andere Menschen hineinversetzen und haben noch keine Empathiefähigkeit entwickelt.
- Sie zeigen wenig äußere Gefühlsäußerungen, eher nüchterne und sachliche Reaktionen: »Ist er jetzt ein Skelett?«, »Darf ich trotzdem meine Freundin besuchen, obwohl der Bruder tot ist?«
- Das Nicht-Sterben personalisierter Dinge wie zum Beispiel das Auto wird hinterfragt.
- Sie glauben aufgrund der bisherigen Lebenserfahrung, dass sie selbst und ihre nahen Bezugspersonen nicht sterben. »Bei uns wird nicht gestorben ...«

- Sie denken, der Tod sei vorübergehend. Ein »Nie wieder« ist unvorstellbar.
- Sie haben das Bedürfnis, den Tod zu erforschen, stellen »Warum-Fragen«.
- Die Erklärung, dass alte oder kranke Menschen sterben müssen, löst oft beim Besuch älterer oder erkrankter (nicht sterbenskranker) Menschen die Frage aus: »Stirbst du bald?«
- Sie zeigen Interesse am Tod, ahmen »tot sein« nach.
- Tot sein wird wie »weg sein« verstanden. Daher wird der Ausspruch »Du sollst tot sein!« benutzt, wenn die angesprochene Person zurzeit nicht erwünscht ist.
- Tot sein wird als vorübergehender Zustand verstanden, oft mit Dunkelheit und Bewegungslosigkeit gleichgesetzt.
- Magisches Denken bedeutet beispielsweise zu befürchten, dass jemand erkrankt ist, weil man nicht »lieb« war.
- Alltagsängste wie Einschlafschwierigkeiten, Angst vor Dunkelheit, Trennungsängste können bei tatsächlich erlebten Verlusten aktiviert werden.
- Nicht sichtbare Krankheiten, die zum Tod führen, sind unverständlich.

Zwei Beispiele

Der 6-jährige Leon besucht eine Kita der Lebenshilfe, aufgrund eines Geburtsfehlers ist er entwicklungsverzögert. Seine Oma stirbt zu Hause und seine Mutter ermöglicht es ihm, sich noch einmal zu verabschieden. Leon malt der Oma ein Bild und legt es ihr auf den Bauch. Drei Wochen später meldet sich eine Erzieherin und berichtet Leons Mutter: »Seit drei Wochen spielt Leon in der Kita fast jeden Tag tote Oma. Er legt sich auf den Boden, schließt die Augen und bewegt sich nicht. Vielleicht gehen Sie mal mit ihm zum Psychologen, normal ist das doch nicht!« Die Mutter sucht bei uns Rat und wir erleben Leon. Er ist ein fröhlicher, interessierter Kerl, der uns auf die Frage, wie er denn tote Oma spiele, uns das direkt auf dem Teppich präsentiert. Die Hände liegen gefaltet auf dem Bauch, die Augen sind geschlossen und der Mund ist zusammengekniffen. Er kann es wirklich gut imitieren. Auf die Frage, warum er das so oft mache, zuckt er mit den Schultern und antwortet: »Macht Spaß.« Er wirkt dabei in keiner Weise verstört, es scheint ihm wirklich derzeit zu gefallen, die tote Oma nachzuahmen.

Wir erklären der Mutter, dass alles, was uns beeindruckt, am besten auch wieder ausgedrückt wird. Leon macht es auf seine Art: Er spielt es wie ein Rollenspiel nach. Vielleicht will er der Erzieherin und den Kindern stolz präsentieren, was er erlebt hat, vielleicht will er sich auch in die Oma hineinspüren, um zu verstehen, was passiert, wenn man tot ist. Vielleicht reagiert die Erzieherin daraufhin mit Herzklopfen, weil das Thema ihr Angst macht. Sie sagt: »Leon, wenn du tot bist, sind wir alle ganz traurig! Komm, steh auf, wir machen was Schönes miteinander«, und diese Aussage gefällt dem Jungen. Und vielleicht steht Leon so eine Weile gern im Mittelpunkt der Kinder, die da rufen: »Erzieherin, der Leon spielt schon wieder tote Oma!«

Die Erzieherin könnte Leons Spiel wahrnehmen und kurz sagen: »Ach, Leon. Du spielst grade tote Oma, rutsche etwas zur Seite, damit niemand über dich stolpert. Ich gehe jetzt »Memory« spielen, wenn du magst, komme später einfach dazu. Und wenn du Lust hast, schauen wir uns anschließend ein Bilderbuch über das Tot-Sein einer anderen Oma an.« Danach könnte die Erzieherin das Tot-Spielen genauso viel oder wenig im Blick haben, wie sie auch andere Kinder auf dem Bauteppich beim Spielen beachtet. Tot-Spielen ist ein Spiel, das ohne Aufmerksamkeit tatsächlich todlangweilig ist.

Zwei Dinge werden bei diesem Beispiel deutlich: erstens, dass Kinder beeindruckende Sachen durch ihre Form von Ausdruck verarbeiten und für das Thema eine angemessene

Aufmerksamkeit benötigen, zweitens, dass die Erzieherin, so wie alle Pädagogen, Lehrkräfte und Eltern, sich mit dem Thema Tod und Trauer fachlich beschäftigen muss, denn Kinder, die drei Wochen lang tote Oma spielen, müssen genauso wenig zum Psychologen geschickt werden wie Kinder, die drei Wochen lang mit Playmobil-Indianern spielen. Hätte Leon auf dem Weg zur Kita einen Brand und die Feuerwehr gesehen, wäre dieses Erleben sicherlich auch zu einem Ausdruck bei ihm geworden.

Holger ist 43 Jahre alt, als Carsten stirbt, sein Zimmernachbar in der Wohneinrichtung. Holger gibt Carsten noch eine Rose mit in den Sarg, er berührt dabei seine Hände und bestätigt der Betreuerin, dass Carsten ganz kalt sei. Die Betreuerin erklärt, dass das Blut nicht mehr fließen und somit Carsten nicht mehr wärmen würde. Holger nickt. »Ja, er ist ganz tot«, sagt er. Er erlebt die Beerdigung mit, sieht, wie der Sarg in der Erde verschwindet. Nachdem er Rosenblätter und eine Schippe voll Erde in das Grab gegeben hat, geht er mit der Betreuerin nach Hause. Auf der Rückfahrt sagt er: »Und wenn Holger dann wieder ganz gesund ist, dann bin ich aber froh.«

Erst durch das andauernde Fortbleiben des Mitbewohners und den Zuzug eines neuen Nachbarn wird Holger Stück für Stück verstehen, dass Carsten wirklich nicht mehr wiederkommt. Wenn ein weiterer nahestehender Mensch verstirbt, wird die Bedeutung vom Tod Holgers wahrscheinlich wieder ins Bewusstsein kommen.

> Was beim Verlusterleben helfen kann:
> *Feste Rituale* wie geregelte Mahl-, Arbeits- und Freizeiten bieten eine Struktur in einer Zeit, in der sich vieles unsicher anfühlt. Manches verändert sich im Alltag oder am Wochen-

ende durch einen Verlust. Rituale können helfen, sich in dem Chaos zu orientieren.

Vertraute Bezugspersonen, die die entstandene Situation verständlich erklären und die Sorge vor weiteren Verlustängsten nehmen, sind hilfreich. Wenn man Menschen, insbesondere Kinder und Jugendliche, befragt, wer der Überbringer einer persönlichen schweren Nachricht sein soll, wünschen diese sich dafür die Eltern oder ersatzweise die nächste Bezugsperson. Gibt es diese Personen nicht, ist es wichtig, möglichst bald neue Beziehungen aufzubauen, Bezugsbetreuer zu haben.

Wahrnehmen von Gefühlen: »Ich sehe, dass du traurig bist. Ich glaube dir, dass du dich verlassen fühlst. Ich bin in der Nähe, du bist nicht allein.«

Begreifen der Veränderung durch Krankheit, Unfall und Tod. Es ist wichtig, dass, je jünger ein Mensch, je stärker eine Behinderung oder Demenz, das Verstehen umso mehr eine klare und einfache Sprache, Fühlen mit Hand und Herz, Sehen, Hören und eventuell riechen benötigt. Nennen Sie den Tod beim Namen: »Paul ist gestorben.« Und *nicht:* »Paul ist friedlich eingeschlafen.« Tränen dürfen gezeigt werden, damit das traurige Gefühl eindeutig signalisiert wird und nicht mit »Papa (oder der Betreuer) ist komisch, vielleicht krank« verwechselt wird. Berührt die Bezugsperson die tote kalte Hand, entsteht dadurch ein Aufforderungscharakter, ein erklärendes Gespräch zu beginnen. Die zusätzliche Information: »Ja, er ist ganz kalt, weil er tot ist«, unterstützt diese Aktion. Mit den eigenen Augen sehen kann dazu beitragen, Unterschiede zwischen schlafen und tot sein, zwischen Atmung erkennen oder nicht mehr sehen deutlich zu machen.

Bedenken Sie das Todesverständnis und bleiben Sie gelassen, wenn Ihnen der Tod gewünscht wird. Reagieren Sie ruhig darauf und antworten Sie: »Du sagst, ich soll tot sein, weil du dich grade über mich ärgerst. Du möchtest, dass ich weggehe. Aber tot sein ist etwas anderes als weg sein.«

Geduldige Wiederholungen von Erklärungen auf Warum-Fragen werden sinnvoll sein. Solange es Fragen gibt, benötigen sie eine Antwort.

Emotionale Zuwendung und liebevolle Begleitung werden in einer Zeit unterstützend sein, wenn der Verlust schmerzt und traurig macht. So kann durch die Auseinandersetzung mit kleinen und großen Abschieden gelernt werden, dass der große Schmerz vorübergeht. Trauernde Menschen entwickeln auch dadurch Überlebensstrategien und die Hoffnung, dass es zwar anders, aber wieder gut werden kann. Ressourcenbildung könnte man es auch nennen.

Abschiedsrituale geben einem Ende eine besondere Bedeutung, dem toten Menschen und dem Trauernden eine angemessene Würdigung. Gleichzeitig vermitteln Abschiedsrituale die Erlaubnis, das veränderte Leben ohne den Verstorbenen neu weiterzugestalten und -zuleben.

Verlässliche und authentisch trauernde Eltern oder Betreuer sind das ideale Lernmodell, da Menschen, die auf Hilfe angewiesen sind, durch sie lernen können, Abschiede trotz Trauer zu überleben. Sie können durch Abschiedswünsche mit Hoffnung versorgt werden und gutes Überleben schöpfen und somit Vertrauen in das Leben lernen, trotz Verluste. Sie erfahren, dass auch trauernde Eltern sorgende Eltern sein können.

Bieten Sie *Ausdrucksmöglichkeiten* an, damit kreative Aktionen wie Malen, Gestalten des Sargs, Aussuchen des Blumenschmucks, aber auch Singen, Beten, Reden, Theater-Spielen, Musizieren, Bewegen, Trommeln etc. einen Raum bekommen können.

Stellen Sie *Fotobücher* und Bilderbücher zum Informieren und Erinnern bereit. Nehmen Sie sich Zeit für Erklärungen und die Beantwortung von Fragen.

Bieten Sie *Einschlafhilfen* in Form einer Lichtquelle, Musik, eines Hörspiels, eines Kuscheltiers oder eines Kräuterkissens an.

Das Trennungs- und Todesverständnis von 5,5- bis circa 10-jährigen Grundschulkindern

- Der Tod ist realistisch, alles, was lebt, wird sterben. Die Endgültigkeit ist jedoch noch immer unvorstellbar.
- Das Wissen, auch Kinder, Eltern werden sterben, ja *ich* selbst muss sterben, bildet sich nach und nach heraus. Dass alle Lebewesen sterben, ist eine anonyme Beschreibung, die zunächst nicht auf das Kind und sein persönliches Umfeld zuzutreffen scheint.
- Da die Endgültigkeit unvorstellbar ist, sind Reaktionen wie das Warten auf eine Wiederkehr normal.
- Der Tod wird eventuell als Bestrafung gesehen.
- Interesse an Gräbern, Beerdigungen und Einäscherung taucht auf.
- Der Verwesungsprozess wird hinterfragt.
- Das Wissen um Gefühllosigkeit des Toten wird akzeptiert.
- Magisches Denken findet oftmals statt.
- Magisches Denken (»Weil ich nicht lieb war, bist du krank geworden«) kann sich aufgrund von Erziehung mit Schuldgefühlen koppeln.
- Mitgefühl für Verstorbene entsteht: »Opa kann jetzt nicht mehr angeln« oder »Sandra kann jetzt nicht zur Schlagernacht gehen«, wenn dieser Verlust selbst als traurig erlebt wird. Bisweilen haben sie aber eher Verständnis für die Trauergefühle der Angehörigen, weil diese sichtbar sind.
- Ursachen für den Tod werden erfragt, die Antworten erfolgen meist in dieser Reihenfolge: 1. Alter, 2. Krankheit, 3. Unfall 4. Kreislauf des Lebens.
- Langsam kristallisieren sich die Begriffe Körper, Geist und Seele heraus.

Einige Beispiele

Der Patenonkel verstarb und Sina, eine 35-jährige Frau mit einer Behinderung, überlegte laut und schimpfte an seinem offenen Sarg mit ihm. »Jetzt bist du tot, weil du kein Gemüse essen wolltest. Du sollst doch Gemüse essen! Und den Salat.« Auf die Erklärung hin, der Onkel sei an einem Herzinfarkt verstorben, schwieg sie eine Weile und sagte dann trotzig: »Aber ich esse immer Gemüse!«

Sina sucht nach Gründen, warum der Onkel verstorben ist. Erklärungen für den Tod helfen uns, den Vorgang zu verstehen und uns aus dem gedanklichen Gefahrenbereich des Nachsterbens zu bringen. Da der Onkel bisher scheinbar gesund war, sucht sie nun nach einem Motiv für den Tod. Ihr fällt ein, dass ihre Oma mit ihrem Onkel immer geschimpft hat, weil er als erwachsener Mann kein Gemüse aß, sprich *nichts Gesundes*. Für Sina ist das nun das Ergebnis, die Strafe dafür und gleichzeitig ihre Distanzierung zum plötzlichen Sterben: »Mir kann das ja nicht passieren, ich esse immer Gemüse.«

Eva, ein 16-jähriges Mädchen mit einer Behinderung, sitzt gemütlich neben der Oma. »Und, Oma«, fragt sie nach einer Weile, »wann musst du sterben? Du bist ja schon ganz schön alt.«

»Wer, wie, was, wieso, weshalb, warum, wer nicht fragt, bleibt dumm«, heißt es in der Titelmelodie der »Sesamstraße«. Und genau das gilt für alle Menschen, die neue Lebenssituationen in ihren Zusammenhängen erfassen müssen. Eva *muss* fragen, damit sie verstehen lernt, wann man alt genug zum Sterben ist, ob man ein bestimmtes Alter erreichen muss, ob nur alte Menschen sterben. Und über diesen Kontakt kann sie lernen, dass der Tod nicht für jeden ein sachliches, sondern meist auch ein emotionales Thema ist, über den nicht jeder ganz frei reden kann. Es wäre schön, würde sie vielen Menschen begegnen, die sie auf liebevolle Weise auffordern, alle Fragen zu stellen, die da sind, und gleichzeitig deutlich machen, dass es auf eine Frage nicht immer eine genaue Antwort gibt.

Matthias war 10 Jahre alt, als sein Großvater starb, zu dem er ein gutes Verhältnis hatte. Dennoch zeigte er keine Traurigkeit und antwortete auf die Frage, ob er wegen Opas Tod traurig sei: »Nein, denn er war ja alt und krank. Er hatte Schmerzen und konnte nicht mehr richtig leben. Deswegen ist es ja auch etwas gut, dass er gestorben ist. Manchmal muss ich aber wegen Oma weinen, weil sie jetzt ja ganz allein in ihrer Wohnung und bestimmt deshalb ganz traurig ist.«

Matthias bewertet den Tod des Großvaters sehr sachlich. Das Alter und die Erkrankung sind die Ursache für die Auswirkung, das Sterben. Aufgrund dieser Logik kann er dadurch in eine für ihn sichere emotionale Distanz gehen. Die Traurigkeit der Oma ist jedoch präsent und wirkt als Basisgefühl ansteckend auf ihn. Dadurch wird ihm nun bewusst, dass der Opa an Omas Seite fehlt. Dieser durch den Tod resultierende sichtbare weitere Verlust wird deutlich und macht ihn traurig.

› Was beim Verlusterleben helfen kann:
Feste Rituale (siehe Seite 57).
Vertraute Bezugspersonen (siehe Seite 57).
Wahrnehmen von Gefühlen: »Ich sehe, dass du traurig bist. Ich glaube dir, dass du dich verlassen fühlst. Ich bin in der Nähe, du bist nicht allein.« Teilen Sie Gefühle, anstatt sie zu verbergen.
Begreifen der Veränderung durch Krankheit, Unfall und Tod mithilfe von altersentsprechenden leicht verständlichen Erklärungen. Es kann hilfreich sein, Fachleute wie Pflegepersonal,

Mediziner/-innen, Seelsorger/-innen oder Bestatter/-innen zu einem Informationsgespräch zu bitten.

Emotionale Zuwendung und liebevolle Begleitung. Erkennen Sie den Trauerschmerz an.

Abschiedsrituale mitgestalten lassen. Sie geben dem Abschied so eine besondere Bedeutung und dem toten Menschen und dem Trauernden eine angemessene Würdigung. Gleichzeitig erlauben Abschiedsrituale, das veränderte Leben ohne den Verstorbenen neu weiterzugestalten und -zuleben.

Lebenskreisläufe an Tieren, Pflanzen und Menschen erklären. Dabei ist es wichtig, dass eventuelles magisches Denken oder Bestrafungsfantasien ausreichende Erklärungen erhalten, damit sie an Bedeutung verlieren.

Sterben, Tod, Kremation, Beerdigung und Verwesung können auf Nachfrage sachlich und verständlich erklärt werden. Informationen schützen vor gruseligen Gedanken. Erklären Sie, dass es leichte, schwere und sehr schwere Erkrankungen gibt, die zum Tod führen können, von denen man aber auch wieder genesen kann. Es ist wichtig, zu unterscheiden, ob eine Halsentzündung oder eine Lungenentzündung schwerwiegender ist. Auch das Krankenhaus sollte nicht als Ort des Sterbens stigmatisiert werden, indem gesagt wird: »Und dann kam er ins Krankenhaus und starb dort.«

Krankheiten, medizinische Geräte oder Nebenwirkungen von Medikamenten sollen benannt und erklärt werden. Informationslücken werden oftmals mit gruseligen Fantasiebildern aufgefüllt.

Bieten Sie *Ausdrucksmöglichkeiten* an, damit kreative Aktionen wie Malen, Gestalten des Sargs, Aussuchen des Blumenschmucks, aber auch Singen, Beten, Reden, Theater-Spielen, Musizieren, Bewegen, Trommeln etc. einen Raum bekommen können und Trauer ausgelebt werden darf.

Stellen Sie *Fotobücher* und Sach- und Bilderbücher zum Informieren und Erinnern bereit. Sie können Bilder und Erklärungen für die Beantwortung von Fragen zum Thema Trauer, aber auch Beerdigung, Kremation und Verwesung anbieten.

Bieten Sie *Einschlafhilfen* in Form einer Lichtquelle, Musik, eines Hörspiels, eines Kuscheltiers oder eines Kräuterkissens an.

Spirituelle Auseinandersetzungen, Glaubens- und Hoffnungsbilder, die Frage nach Gott, nach dem *Woher* und *Wohin*, benötigen Bezugspersonen, die Bilder, Werte und eigene Haltungen reflektieren und benennen können, die sich Fragen stellen, nach Antworten suchen, ohne zu missionieren.

Unangemessenes Verhalten in Trauerzeiten sollte nicht ignoriert werden. Es kann Ausdruck von Trauer sein, welche nicht gelebt werden kann. Auch wenn keine Trauerreaktionen selbst empfunden werden, sollen die Gefühle anderer Menschen geachtet werden. Indem Sie Hilfe durch beispielsweise Trauerbegleitung hinzuziehen, zeigen Sie keine Schwäche, sondern übernehmen weiterhin die Verantwortung für die Menschen in Ihrer Obhut.

Verzögerte beziehungsweise erneute Trauerreaktionen in Form von Verhaltensänderungen sind immer wieder möglich, sobald der Verlust in einer größeren Dimension begriffen wird.

Das Trennungs- und Todesverständnis von Jugendlichen und jungen Erwachsenen

- Der Tod wird biologisch verstanden und als abschließendes und unausweichliches Lebensereignis gesehen. Das bedeutet: Jeder wird sterben. Tod und Abschied können plötzlich und unerwartet geschehen. Der Tod wurde durch etwas (Krankheit, Alter, Unglück) verursacht. Tot bleibt tot, zumindest im irdischen Leben.
- Der Tod ist meist mit konkreten Bildern verbunden, die aus dem persönlich Erlebten oder Medien stammen.
- Dass der Tod ein endgültiger, unumkehrbarer Verlust ist, wird verstanden und begriffen, manchmal aber noch für einige Zeit nicht als Tatsache akzeptiert.

- Trauerprozesse aller Menschen, gleich ob mit oder ohne Behinderung, ähneln sich, je nach Typ variiert die Intensität.
- Philosophische Überlegungen werden zur Endlichkeit gestellt. Sinnfragen für das eigene Leben und Warum-Fragen ähneln denen der Erwachsenen.
- Auferstehungstheorien etc. werden überdacht und abgewägt. Der Himmel, beziehungsweise ein »Danach«, hat oft einen hohen, oft auch fantasievollen Stellenwert. Das Weiterleben im Himmel hat meist konkrete Formen, die uns aus dem Leben bekannt sind.
- Fragen werden teilweise ohne gesellschaftliche Tabus gestellt, neugieriger und direkter, als andere es tun.
- Angst und Trauer werden bei Verlust von vorherrschend bis hin zu distanziert gelebt. Hierbei werden gesellschaftliche Haltungen beziehungsweise der Umgebung übernommen, wie der Umgang mit Trennung und Verlust vermittelt wurde. Auch die eigene Persönlichkeit spielt dabei eine Rolle.
- Desinteresse und (eventuell scheinbare) Gleichgültigkeit können sichtbar werden, da die Pubertätszeit eigentlich mit der Ablösung vom Elternhaus beziehungsweise Bezugsbetreuern einhergeht. Das Streben nach Unabhängigkeit steht im Vordergrund.
- Das Interesse an Abschiedsthemen lässt meist nach, entwicklungsgemäß sind andere Themen wie die einer Ausbildung, Partnerschaft, selbstständigen Wohnens eher im Fokus. Neuanfang und Aufbruch steht dem Endzeitthema gegenüber.

Zwei Beispiele

Elisabeth, eine 70-jährige Frau mit Behinderung, erfuhr, dass die langjährige Freundin verstorben ist. Elisabeth weinte laut, sie stellte Fragen nach dem Warum. Sie benannte auch bei den Betreuern im Pflegeheim ihre Dankbarkeit gegenüber der Freundin, die immer für sie da war, Spiele spielte, kleine Einkäufe erledigte und für Unterhaltung sorgte. »Wer soll das nun machen?«, war ihre Frage. »Jetzt bin ich ja ganz allein.« Immer wieder brach Elisabeth in Tränen aus und äußerte Nachsterbegedanken. »Am liebsten wäre ich auch tot, was soll ich denn noch hier?« Das Pflegepersonal überlegte, ob es ratsam sei, der trauernden Frau Beruhigungsmedikamente zukommen zu lassen. Am folgenden Tag waren jedoch alle überrascht, dass nach einer ruhigen Nacht Elisabeth den Tod der Freundin als Tatsache hinnahm und es als eine Normalität beschrieb. »Ja, sie hatte ja auch schon in der letzten Zeit gesagt, dass sie sich nicht gesund fühlt und die Luft ihr zu schaffen macht. Wer kann mir helfen, Blumen für die Beerdigung zu bestellen?« Anscheinend hatte Elisabeth den Verlust der Freundin über Nacht in ihr Leben als Normalität integriert, die unausweichlich ist.

Als in einer Schulklasse die 15- bis 17-jährigen Jungen und Mädchen gefragt wurden, welche Vorstellung sie haben, wie es nach dem Tod weitergehe, benannte der 15-jährige Lukas einen Partyhimmel, in dem unbegrenzt gefeiert werden kann. Seine Tischnachbarin beschrieb daraufhin das Bild von einem riesigen Freibad, in dem Gott der Bademeister ist. Beide Vorstellungen sind von einer unbegrenzten Freizeitgestaltung geprägt. Katharina, eine 17-jährige Mitschülerin, schilderte Himmel und Hölle, weitere Schüler sprachen davon, nahestehende verstorbene Menschen wiederzutreffen, in einer neuen Welt mit Ruhe, Farben oder Musik zu leben, sich in Energie umzuwandeln, wiedergeboren zu werden oder einzig und allein als Asche oder Erde zu enden.

Hier wird deutlich, dass die Vorstellungen von einem Weiterleben nach dem Tod von naturwissenschaftlichen, kulturellen und religiösen Vorstellungen geprägt sind.

› Was beim Verlusterleben helfen kann:
Bedenken Sie, dass es der erste nahe Verlust im Leben des heranwachsenden oder erwachsenen Menschen sein kann. Deshalb sollte er alle Informationen bekommen, die ihm zustehen.
Feste Rituale (siehe Seite 57).
Vertraute Bezugspersonen (siehe Seite 57).
Wahrnehmen von Gefühlen: »Ich sehe, dass du traurig bist. Ich glaube dir, dass du dich verlassen fühlst. Ich bin in der Nähe, du bist nicht allein.« Oder auch: »Es ist okay, dass du nicht in Tränen ausbrichst, sondern die Situation sachlich angehst.«
Gespräche anbieten, auch nach längerer Zeit. Machen Sie das Angebot: »Melde dich, wenn du Hilfe benötigst«, und verdeutlichen Sie: »Weil du mich interessierst, werde ich dich zwischendurch immer wieder fragen, wie es dir geht und ob du meinerseits Unterstützung benötigst.« Auch der Austausch mit anderen Betroffenen kann wertvoll sein.
Begreifen der Veränderung durch Krankheit, Unfall und Tod mithilfe von altersentsprechenden leicht verständlichen Erklärungen. Es kann hilfreich sein, Fachleute wie Pflegepersonal, Mediziner, Seelsorger oder Bestatter zu einem Informationsgespräch zu bitten, wenn es den Bedarf gibt.
Abschiedsrituale mitgestalten lassen. Sie geben einem Abschied so eine besondere Bedeutung und dem toten Menschen und dem Trauernden eine angemessene Würdigung. Gleichzeitig vermitteln Abschiedsrituale die Erlaubnis, das veränderte Leben ohne den Verstorbenen neu weiterzugestalten und weiterzuleben.
Die Möglichkeit von magischem Denken mit in Betracht ziehen und immer wieder darauf hinweisen, dass niemand stirbt, weil man als Angehöriger nicht lieb war, weil der Tote etwas Schlimmes getan hat oder es eine Strafe Gottes ist.
Sterben, Tod, Kremation, Beerdigung und Verwesung können auf Nachfrage sachlich und verständlich erklärt werden. Infor-

mationen schützen vor gruseligen Gedanken. Erklären sie, dass es leichte, schwere und sehr schwere Erkrankungen gibt, die zum Tod führen können, von denen man aber auch wieder genesen kann. Es ist wichtig, zu unterscheiden, ob eine Halsentzündung oder eine Lungenentzündung schwerwiegender einzuschätzen ist. Das Krankenhaus sollte nicht als Ort des Sterbens stigmatisiert werden, indem gesagt wird: »Und dann kam er ins Krankenhaus und starb dort.«

Krankheiten, medizinische Geräte oder Nebenwirkungen von Medikamenten sollen benannt und erklärt werden. Informationslücken werden oftmals mit gruseligen Fantasiebildern aufgefüllt.

Bieten Sie *Ausdrucksmöglichkeiten* an, damit kreative Aktionen wie Malen, Gestalten des Sargs, Aussuchen des Blumenschmucks, aber auch Singen, Beten, Reden, Theater-Spielen, Musizieren, Bewegen, Trommeln etc. einen Raum bekommen können und Trauer ausgelebt werden darf.

Stellen Sie *Fotobücher* und Sach- und Bilderbücher zum Informieren und Erinnern bereit. Sie können Bilder und Erklärungen für die Beantwortung von Fragen zum Thema Trauer, aber auch Beerdigung, Kremation und Verwesung anbieten.

Bieten Sie *Einschlafhilfen* in Form einer Lichtquelle, Musik, eines Hörspiels, eines Kuscheltiers oder eines Kräuterkissens an. Auch erwachsenen Menschen kann das als Beruhigung dienen.

Spirituelle Auseinandersetzungen, Glaubens- und Hoffnungsbilder, die Frage nach Gott, nach dem Woher und Wohin, benötigen Bezugspersonen, die Bilder, Werte und eigene Haltungen reflektieren und benennen können, die sich Fragen stellen, nach Antworten suchen, ohne zu missionieren.

Suizid ist ab dem Jugendalter keine seltene Todesursache. Ein Auslöser unter vielen kann sein, sich dem Leben und seinen Anforderungen nicht gewachsen zu fühlen. Auch ein Todesfall kann Nachsterbegedanken auslösen. Scheuen Sie nicht das Gespräch. Sie müssen keine Sorge haben, damit eine Anregung zur Selbsttötung zu schaffen. Wahrnehmung der Trauer, Zuwendung und Austausch über Krisenbewältigungsstrategien sind eine wichtige Unterstützung. Wenn Sie sich Sorgen wegen suizidaler Gedanken machen, wenden Sie sich an eine Beratungsstelle, zum Beispiel Agus e. V.

Veränderungen, die das Weiterleben betreffen, müssen benannt werden. Es ist wünschenswert, betroffene Menschen in Planungen und Entscheidungen miteinzubeziehen.

Unangemessenes Verhalten in Trauerzeiten sollte nicht ignoriert werden. Es kann Ausdruck von Trauer sein, die nicht gelebt werden kann. Auch in Trauerzeiten sollte die Regel gelten: »Du darfst traurig und auch wütend sein, aber du darfst weder dich noch andere verletzen. Nicht durch Worte und nicht durch Taten.« Indem Sie Hilfe durch beispielsweise Trauerbegleitung hinzuziehen, zeigen Sie keine Schwäche, sondern übernehmen weiterhin die Verantwortung für die Menschen in Ihrer Obhut.

Normalität und das Recht auf Lebensfreude trotz Verlust sollte allen Menschen zugesagt werden. Ermöglichen Sie die Rückkehr zum – wenn auch veränderten – Alltag, zu Hobbys, gewohnten Freizeitaktivitäten, Essens- und Schlafgewohnheiten.

Verzögerte Trauerreaktionen in Form von Verhaltensänderungen sind immer wieder möglich, sobald der Verlust in einer größeren Dimension begriffen wird.

Es gibt nicht *den* trauernden Menschen mit Behinderung und daneben *den* trauernden Menschen ohne Behinderung. Es gibt auch nicht *typisch Frau* und *typisch Mann*. Alle Menschen sind vielfältig in ihrer eigenen Persönlichkeit und durch unterschiedliche Ereignisse und Menschen geprägt. Angaben wie die zum Todesverständnis und zu Trauerreaktionen sollen als Orientierungshilfen dienen, nicht als festgesetzte, in Stein gemeißelte Fakten.

Trauer ist eine normale, psychohygienisch gesunde Reaktion auf einen erlittenen Verlust. Menschen erleben sie in sämtlichen Kulturen, ob mit oder ohne Behinderung, in jedem Lebens- und Zeitalter, doch wird sie aufgrund geschichtlicher und kultureller Herkunft oder eigener Persönlichkeit unterschiedlich ausgedrückt.

Trauermodelle in der Praxis - Stärken und Schwächen
(Schroeter-Rupieper, 2015, S. 14-32)

Ein wichtiger Orientierungspunkt in Trauerzeiten ist für uns das Trauermodell von Worden. Trauermodelle sind keine Rezepte, die man eins zu eins übernehmen soll, dennoch können sie

- dem trauernden Menschen und seinen Bezugspersonen eine Orientierungshilfe auf dem Weg durch eine chaotische unbekannte Krisenzeit sein,
- transparent machen, was in Trauerzeiten unterstützend sein kann. Sie können durch sachliche Informationen dem sozialen Umfeld die Befürchtung nehmen, dass Betroffene durch den Trauerausdruck erkranken,
- dem sozialen Umfeld und insbesondere Bezugspersonen die Vielfalt von Reaktionen in der Krisenzeit aufzeigen und so eine Toleranz in der Grundhaltung in der Unterstützung Trauernder ermöglichen,
- Trauernden helfen, aktiv zu werden und selbst zu handeln, statt ein hilfloses Opfer des Schicksals zu werden. Dasselbe gilt natürlich für Bezugspersonen oder Betreuer, die durch Trauermodelle Hintergrundwissen erfahren und damit sicherer zur Seite stehen und unterstützen können,
- im Lebensumfeld hilfreich sein, verschiedene Trauerreaktionen zu erkennen und zu akzeptieren.

Trauermodelle treffen sowohl auf Kinder als auch auf Jugendliche und Erwachsene mit und ohne Behinderung zu. Gleichwohl liegen in Trauermodellen auch Gefahren:
- Trauermodelle können falsch verstanden werden, wenn man sie als Pflichtaufgabe und nicht als Orientierungsangebot wahrnimmt.
- Wenn man aus veralteten Phasenmodellen ableitet, man müsse von einer Stufe oder Phase in die nächste aufsteigen, kann dies verunsichern und Trauernden oder Unterstützern das Gefühl vermitteln, es werde verkehrt getrauert. Trauer ist sprunghaft, wellenförmig, wiederholend und nicht in Reihenfolgen festzumachen.

Trauer ist zudem ein individueller Prozess, der geschichtlich, kulturell und persönlichkeitsorientiert verläuft und durch verschiedene Variablen beeinflusst wird:
- War die Beziehung zum verstorbenen Menschen, die Stärke der Verbindung, die vermittelte Sicherheit notwendig fürs Selbstwertgefühl?
- Welche soziale oder materielle Bedeutung hatte die verstorbene Person und welche Rolle hat sie im Leben eingenommen?
- War es ein Kind, ein Elternteil, die Freundin und derzeit einzige Gesprächspartnerin?
- War es eine sichere, unsichere, ambivalente oder zu enge Bindung?
- Gab es Konflikte mit dem Verstorbenen beziehungsweise abhängige Beziehungen?
- Wie starb die Person? War die Todesursache überraschend, dramatisch oder mit Gewalt verbunden?
- Geschah der Tod in unmittelbarer Nähe oder weit entfernt?
- Gab es für den Trauernden mehrere aufeinanderfolgende Todesfälle beziehungsweise Verluste?

- Hätte der Tod (vermeintlich) verhindert werden können?
- Liegt ungelöste Trauer in Kindheit, Jugend oder grundsätzlich vor?
- Findet mangelnde Unterstützung im Umfeld oder sozial aberkannte Trauer statt, zum Beispiel aufgrund der Behinderung?
- Gibt es Sprachschwierigkeiten und damit verbundene Ausdruckschwierigkeiten?
- Liegt eine schwere geistige Behinderung vor?
- Liegt eine körperliche Einschränkung vor, die es verhindert, dass beispielsweise gute Orte für die Trauer aufgesucht werden können?
- Durfte der Umgang mit Grenzen, Verlusten und Krisen ab der Kindheit erlernt werden?
- Gibt es parallele Stressfaktoren wie Arbeitslosigkeit, Krankheit, Einsamkeit oder Streitigkeiten?

Macht man sich diese Variablen bewusst, wird schnell klar, dass Trauermodelle nicht als ein statischer und festgelegter Ablauf von Phasen, Stufen oder der Reihe nach zu erledigenden Aufgaben gesehen werden dürfen. Sie sind vielmehr eine Mischung aus Kreislauf, Spirale und Labyrinth, die unterschiedlich aktiv in Bewegung kommen.

Das Trauermodell von Worden in der Begleitung von Menschen mit Behinderung

Das Trauermodell von Worden verlangt eine Aktivität, welche durch den Begriff *Trauer-Aufgaben* deutlich wird. Dennoch gilt dies für jeden im eigenen Tempo, was erst recht Menschen mit Behinderung entgegenkommt. Dieser Gedanke kann zusätzlich Begleitern helfen, mit Blick auf die persönlichen Bedürfnisse des

Trauernden und dem Wissen darum, gemeinsam einen individuellen Weg zu suchen und zu unterstützen.

Worden benennt folgende Aufgaben:
- den Verlust begreifen und als Realität akzeptieren,
- die Vielfalt der Gefühle und den Trauerschmerz durcharbeiten, durchleben,
- sich der veränderten Umwelt, der Welt ohne den Verstorbenen, anpassen und sich darin zurechtfinden, dem Verlust Sinn und Bedeutung geben,
- dem Verstorbenen, dem Verlust, einen neuen Platz zuweisen und sich auf das Leben weiter einlassen.

Die Wirklichkeit des Verlusts begreifen
und als Realität akzeptieren

Selbst erwartete Tode vermitteln häufig das Gefühl von Unwirklichkeit. Um trauern zu können, ist es aber unbedingt notwendig, den erlittenen Verlust zu begreifen, um ihn direkt oder nach und nach zu akzeptieren. Das kann durch sprachliche Information, durch das Miterleben von Krankheit und damit einhergehender Veränderung geschehen. Auch der Anblick des toten Menschen kann durch das Sehen und Fühlen hilfreich sein, tatsächlich zu begreifen. Eine einmalige Information oder Aktion reicht auf keinen Fall aus, den Verlust in seiner Endgültigkeit zu begreifen. Dies findet an unterschiedlichen Orten und zu unterschiedlichen Zeiten immer wieder in Etappen statt.

Das Betrachten des Bildes vom Verstorbenen kann wieder an den Verlust erinnern und erneut verstehen lassen, dass er nur noch auf dem Bild vorhanden ist. Schwierigkeiten können entstehen, wenn der Mensch mit Behinderung Verständnisschwierigkeiten hat, indem er nicht nachvollziehen kann, um welches »Problem« es sich handelt, warum der Besuch des verstorbenen Menschen ausbleibt, die damit verbundenen Geschenke, Telefonate oder Ausflüge. Das könnte daran liegen, dass er bisher keine Erfahrungen mit Verlusten und Todesfällen hatte oder die Erklärungen kognitiv nicht verstehen kann.

Ein weiterer Knackpunkt könnte sein, dass die Sorgeberechtigten ihm den Verlust nicht mitteilen, weil sie ihm Trauer nicht zumuten oder entsprechende Gefühle nicht zugestehen möchten.

Drei Beispiele

Michael lebt in einer Jugendwohngruppe, in der Marcel, ein junger Mann, nach einer Krebserkrankung verstorben ist. Die Betreuer haben die Mitbewohner und Mitbewohnerinnen über das anstehende Sterben informiert, sie immer wieder eingeladen, Marcel im Krankenhaus und zu Hause in der Wohneinrichtung zu besuchen. Alle durften schon vor Ort durch den Verlauf begreifen, dass sich die Krankheit verschlechterte, bis dahin, dass Marcel nicht mehr auf Ansprache reagierte und im Koma lag. Michael hatte als Freund lange gehofft, durch seine Besuche könne er Marcel fröhlich und somit wieder gesund machen. Er brachte immer etwas zu essen mit, weil er für sich verinnerlicht hatte, man müsse essen, um groß, stark und gesund zu werden. Am Krankenbett sagte er immer wieder beschwörend: »Marcel, du musst was essen, dann wirst du wieder gesund. Dann freue ich mich und wir feiern ein Fest mit Kuchen.« Als er Marcel eines Tages kurz vor seinem Tod besuchte und dieser auf Ansprache nicht sichtbar reagierte, fasste er ihn an die freiliegende Schulter und rüttelte etwas daran. »Marcel, du musst was essen, Marcel ... Marcel!« Dann ließ er ihn los, drehte sich zum Betreuer um und sagte traurig: »Das wird nix mehr.« Danach wollte er das Krankenhaus verlassen. Zurück in der Wohngruppe erzählte er allen anderen wieder und wieder, dass Marcel nicht reden könne, nur »so da liegt« und nicht esse. »Und dann ist er tot und dann kommt er in den Sarg und dann sind wir alle traurig und dann kommt der Pastor ...«

Michael hatte bei dem letzten Krankenbesuch begriffen, dass Marcel sterben wird. Diesen Satz: »Das wird nix mehr«, wiederholte er immer wieder, wohl auch, um es selbst zu verstehen. Andere Mitbewohner, die Marcel eine Weile nicht gesehen hatten, konnten nicht verstehen, wovon Michael sprach. Ihnen fehlte das Vorstellungsvermögen, teilweise die Erfahrung mit dem Tod und vor allem das Begreifen und Erleben aufgrund vom fehlenden Sehen und Fühlen in der Sterbesituation.

Die blinde Christina ist 34 Jahre alt und hat von Geburt an eine Behinderung. Seit ihrem 20. Lebensjahr lebt sie in einer Wohneinrichtung, in der ihre Eltern sie jedes zweite Wochenende besuchen. Als ihre Mutter plötzlich verstirbt, nimmt der Vater sie nach Absprache mit der Einrichtung nicht mit zum offenen Sarg und nicht mit zur Beerdigung. In der folgenden Zeit fragt Christina immer wieder nach der Mutter und vermisst sie deutlich. Auf die Antwort des Vaters, die Mutter sei tot und auf dem Friedhof, sagt Christina wiederholt, sie wolle auch auf den Friedhof. Dort vermutet sie, ihre Mutter wiederzutreffen. Als der Vater mit ihr das Grab besucht und Christina nach der Mutter fragt, auch was sie auf dem Friedhof mache, antwortet der Vater: »Mama schläft ganz fest.« Daraufhin möchte Christina nicht vom Grab fort und sagt immer wieder, dass sie auch dort schlafen wolle. Ihre hartnäckigen Fragen nach der Mutter scheinen nicht zu enden. Der Vater, den das Unverständnis der Tochter irritiert und verunsichert, besucht sein Kind immer seltener, um dieser Konfrontation auszuweichen.

Für Christina wäre es wertvoll gewesen, sie hätte im wahrsten Sinne des Wortes die tote Mutter be-greifen dürfen. Dann hätte sie die Akzeptanz des Todes, des Weg-Seins der Mutter, eher realisieren können.

Worte, die den Tod und den darauffolgenden Verlust beschreiben, sagen ihr nichts. Sie wird sich wahrscheinlich auf Dauer von der Mutter verlassen und folgend auch vom Vater im Stich gelassen fühlen.

Simon ist 17 Jahre alt und hat eine Muskeldystrophie vom Typ Duchenne. Seit dem zwölften Lebensjahr kann er nicht mehr laufen und ist auf den Rollstuhl angewiesen. Durch seine Eltern ist er über die Lebensbegrenzung der Krankheit informiert, diese hoffen jedoch auf eine verlängerte Lebenserwartung aufgrund von medizinischem Fortschritt. Das Thema Tod vermeiden sie in ihrer Familie. Als Simon 17 Jahre alt ist, sagt er der Lehrerin: »Ich kann ja dabei zuschauen, dass ich immer mehr abkratze. Es geht ja immer weniger.« Er begreift selbst körperlich, dass sich seine Lebenserwartung verringert. Die Lehrerin versteht, dass sie sich zum dem Thema Verlust von Lebensqualität und der damit einhergehenden Trauer innerhalb der Schulklasse auseinandersetzen muss. In den kommenden Wochen spricht sie mit den Schülern und Schülerinnen über Veränderungen im Leben und nutzt dazu verschiedene wellenförmige Auf-und-ab-Linien. Sie bietet auch Gespräche über Sterben, Tod, Auferstehungsgedanken und Trauer an, nutzt Fallbeispiele aus ihrer eigenen Berufserfahrung und lädt sowohl einen Palliativmediziner wie auch Seelsorger, Hospizmitarbeiter und Trauerbegleiter in die Schulklasse ein. Als sich daraufhin einige Eltern beschweren, sie würde mit diesem Thema den Schülern Ängste einjagen, versucht sie zu erklären, dass Information Sicherheit gibt und verschiedene Formen der Auseinandersetzung mit dem eigenen Tod beziehungsweise dem Tod eines Mitschülers oder Angehörigen Orientierung und Unterstützung bieten. Die Schulleitung bestärkt diese Haltung und macht deutlich, dass dieser Unterrichtsinhalt mit zum Bildungsauftrag einer Schule gehört.

Die Vielfalt der Gefühle und den Trauerschmerz durcharbeiten, durchleben

Verluste lösen meistens Traurigkeit aus, ganz besonders dann, wenn man geliebte Menschen, Gegenstände, Orte, Gewohnheiten oder Ähnliches vermisst. Nicht jeder weint jedoch, wenn er traurig ist. Die Vielfalt der Gefühle kann Sehnsucht, Schuldgedanken, Aggression, Wut, Angst, Leere, Suizidgedanken, Erlösung, Befreiung, aber auch körperliche Beschwerden verursachen.

Die Redewendungen »Mir bricht das Herz«, »Es schnürt mir die Luft ab«, »Meine Knie werden weich«, »Mir bleibt die Spucke weg«, »Ein Stein liegt im Magen«, »Die Haare stehen zu Berge«, »Es versetzt mir einen Stich«, »Das Herz ist schwer«, »Es zieht mir den Boden unter den Füßen weg« sind dabei bildhafte Gefühlsbeschreibungen.

In unserer Gesellschaft werden jedoch trauernden Menschen die authentisch ausgedrückten Emotionen oftmals abgesprochen oder gemindert. »Sei doch nicht so traurig!«, »Lach doch mal wieder!«, »Kopf hoch, das Leben geht weiter«, wird gesagt. Manchmal wird auch emotionaler Druck auf die Trauernden ausgeübt und es werden damit Schuldzuweisungen vermittelt, indem gesagt wird: »Wenn du so schaust, machst du mich ganz traurig« oder »Du vermiest ja allen die Stimmung!«

Ja, Trauer als ein angeborenes Gefühl ist ansteckend und daher springen Stimmungen tatsächlich auf Mitmenschen über. Trauer miteinander teilen zu können, ist eine wertvolle Erfahrung, denn wer miteinander schmerzliche Gefühle zulässt, über die oder das Vermisste spricht oder erinnert, wird eine verbindende Gemeinschaft erfahren, in der auch Humor einen Raum bekommen kann. Belastende und traurige Gefühle, die einen Ausdruck bekommen, schaffen Platz für Heiterkeit. Daher können sowohl lachende als auch wütende, in sich ruhende, eben unterschiedlich reagierende Menschen selbstverständlich trauernd sein. Kinder, alte Menschen sowie Menschen mit einer Demenz oder Behinderung werden häufig von Verlusterlebnissen ferngehalten, weil ihnen die Bewältigung der Trauergefühle nicht zugetraut beziehungsweise zugestanden wird. Bezugspersonen vergessen dabei oftmals, dass ihre eigenen Gefühle wie Besorgtheit, Traurigkeit oder

Angst auch auf die zu betreuenden Personen ansteckend, aber nicht verständlich wirken. Diese reagieren dann eventuell mit Verunsicherung und Unruhe auf die Situation. Andere wiederum lachen vielleicht und machen »gute Miene zum bösen Spiel«, weil sie wissen, dass diese Reaktion lieber gesehen wird. Grundsätzlich ist es wertvoll, die ausgedrückten Gefühle zu bestätigen: »Ich glaube dir, dass du wütend, erleichtert, traurig, … bist« ist eine wertschätzende Reaktion auf eine verbalisierte, schriftliche oder bildlich ausgedrückte Emotionalität. Das Gefühl muss anerkannt werden, allerdings dürfen Reaktionen, die für den Betroffenen oder sein Umfeld verbal oder körperlich verletzend sind, wie in Nicht-Verlustzeiten korrigiert werden.

Zwei Beispiele

Simeon, ein 10-jähriger Junge, beschimpfte und schlug in der Inklusionsklasse die Mitschüler, nachdem sein Opa gestorben war, der für ihn ein Vaterersatz war. Die anderen Kinder hatten durch die Lehrerin von dem Tod erfahren und zogen sich immer mehr von ihm zurück. Einerseits, weil sie sich vor seinen Angriffen schützen wollten, andererseits, weil sie seine Trauer spürten und dadurch unsicher im normalen Umgang mit ihm waren. Simeons Situation und Reaktion verursachte eine soziale Isolation bei dem Jungen, auf die er wiederum mit Aggression anderen gegenüber reagierte.

»Ich glaube dir, dass du wütend bist, aber es ist nicht okay, wenn du deine Wut an deinen Mitschülern auslässt und sie beschimpfst oder schlägst«, sagte die Lehrerin und nahm die Situation zum Anlass, mit der gesamten Klasse über dieses Thema zu sprechen.

Sie nahm eine Packung Motivtaschentücher in die Hand, auf der das Vereinszeichen vom FC Bayern gedruckt war, der Lieblingsmannschaft von Simeon. »Wenn man traurig ist, weint man manchmal. Es kann auch sein, dass man Bauchschmerzen bekommt oder wütend wird. Wir reichen die Taschentücher jetzt einmal im Kreis herum und wer sie in der Hand hält, darf sagen, wann oder warum er oder sie das letzte Mal traurig war. Übrigens, der ehemalige Trainer von Bayern, der hat auch schon mal geweint, als er dort Abschied genommen hat.« Die Taschentuchpackung ging von Hand zu Hand und viele Kinder benannten eine Verlustsituation, einen Umzug, den Tod von Großeltern, Babys, weiteren Verwandten oder Haustieren, die Scheidung der Eltern, nicht zum Geburtstag eingeladen zu werden, eine Erkrankung der Mutter, Streit der Eltern und vieles weitere. Simeon und alle anderen Kinder bekamen abschließend Bayern- und andere Motivtaschentücher geschenkt.

Zu einem späteren Zeitpunkt legte die Lehrerin einen kindlichen Umriss auf Tapetenrolle gezeichnet in die Mitte und fragte, welche Gefühle die Kinder hätten und ob sie an einem Ort im Körper gezeigt werden könnten. Die Kinder zeigten auf den Kopf, den Mund, eines auf die Ohren, die dann am liebsten zugehalten würden, den Hals, das Herz, Bauch und Schultern. Sie benannten dabei ihre Gefühle und ihre Reaktionen. »Ich esse dann die ganze Tüte Gummibärchen leer!«, sagte ein Junge. Andere Kinder kuschelten mit der Mama, dem Haustier oder einem Teddy. Die einen wollten sich bewegen oder warmen Kakao trinken, die nächsten Computer spielen, wieder andere kannten die fassungslose Wut, die auch Simeon spürte. Die Lehrerin erklärte, dass sie in der kommenden Zeit gemeinsam erforschen würden, was hilfreiche Bewältigungsstrategien sein könnten. Im Laufe der nächsten Wochen wurden im Kunstunterricht Wutbälle und Taschentuchpüppchen als Tränentrockner erstellt, im Sportunterricht konnten die Kinder sich an Boxsäcken ausprobieren, mit Schwimmnudeln auf dicke Turnmatten schlagen oder auf der Stelle hüpfen, um die Wut in den Boden zu stampfen. Im Deutschunterricht lernten sie das Bilderbuch »Wie der kleine rosa Elefant einmal sehr traurig war« kennen und sprachen über Erinnerungen und Hilfsstrategien.

Lydias Mutter ist verstorben und man merkte ihr ihre Traurigkeit an. Sie saß in der Werkstatt und betrachtete die Kollegen wortlos, musterte eingehend ihre Finger. Sie machte eine Faust und öffnete sie wieder. Sie schaute die leere Hand so an, als würde sie das Weg-Sein der Mutter darin sehen. Aus jeder Faser des Körpers verströmte sie Traurigkeit. Die Gruppenleiterin setzte sich Lydia gegenüber, berührte vorsichtig ihren Unterarm. »Ich bin hier«, signalisierte sie der jungen Frau durch Gesten, Haltung und Worten. »Ich sehe dich und deine Traurigkeit.« Lydia schaute sie an, die Gruppenleiterin hielt den traurigen Blick aus. Lydia rollten Tränen aus den Augen, sie begann zu weinen und auch der Pädagogin kamen die Tränen. Sie verheimlichte diese nicht, sondern reichte Lydia ein Taschentuch und nahm sich selbst eines. »Das ist so traurig, wenn eine Mama stirbt«, sagte sie mit klagender Stimme und stieß einen Seufzer aus, auch um Lydia in ihrer Traurigkeit zu bestärken. Gefühle widerzuspiegeln, kann die Trauernden ermutigen, weitere Emotionen auszudrücken und sich dabei angenommen zu fühlen.

Sich der veränderten Umwelt, der Welt ohne den Verstorbenen anpassen und sich darin zurechtfinden. Dem Verlust Sinn und Bedeutung geben

Diese Traueraufgabe ist an die externe, die interne und spirituelle Anpassung gegliedert. Stirbt eine Bezugsperson, verändern sich häufig das Umfeld und die Gewohnheiten des Trauernden. Es kann dann hilfreich sein, gemeinsam mit oder für den Trauernden zu schauen, wer eine neue Bezugsperson sein kann, um den veränderten Alltag zu gestalten. Man könnte dies auch bildlich verdeutlichen, indem ein Foto mit einem Trauerflor vom Verstorbenen sichtbar platziert wird, vielleicht ein Foto vom Grab, um die neue Situation zu verdeutlichen. Daneben können Fotos von Menschen stehen, die nun für den trauernden Menschen Ansprechpartner sein werden. Vielleicht können auch typische

Dinge, die man nun gemeinsam, aber verändert unternimmt, auch symbolhaft dargestellt werden. Der Trauernde verändert etwas und sich selbst durch den Verlust und die daraus resultierenden Anpassungen in Tagesablauf, Lebensgewohnheiten, Verhalten oder in typischen Ritualen. Eventuell wird er durch die Lebenskrise selbstständiger, unsicherer, mutiger, entspannter oder einsamer. Es kann hilfreich sein, Vergleiche zum Leben mit und ohne den Verlust zu benennen, positive Veränderungen zu erwähnen und gemeinsam nach Wegen zur Krisenbewältigung und Entlastung von eventuellen Störungen zu suchen.

Nehmen Sie sich Zeit, miteinander über Erinnerungen, über den gegenwärtigen Moment und über die Zukunft zu sprechen. Das gilt nicht nur bei dem Verlust von Bezugspersonen, sondern auch beim Tod eines Mitbewohners oder Kollegen in der Wohneinrichtung oder Werkstatt. Lieder, Symbole, Rituale, Gebete, Kirchgänge oder Gespräche unterstützen die spirituelle Anpassung, wenn es dem Trauernden ein Anliegen ist. Glaubensvorstellungen können in Frage gestellt werden, wenn sie mit der bisherigen Wahrnehmung nicht mehr übereinstimmen. Manchmal suchen Trauernde in Notlagen spirituellen Beistand und Trost. Gedenktage können bei Bedarf dazu dienen, Veränderungen und der Spiritualität einen guten Raum zu geben. Eine Sinngebung sollte in Frage und Antwort aber immer von dem Trauernden, nicht von anderen Menschen ausgehen.

Ein Beispiel

»Der Gott ist böse! Jetzt will ich nicht mehr beten! Warum hat der Gott nicht auf den Herbert aufgepasst?«, fragte Bärbel anklagend. Ebenfalls bat sie Gott im Gebet, dass Herbert wieder zurückkommen solle. Ihre ganze Glaubens- und Wertevorstellung war durch den Unfalltod des Freundes durcheinandergeraten. Bisher war sie immer von einem lieben Gott ausgegangen, den sie beim Abendgebet bittet, am nächsten Tag auf sie und ihre Freunde aufzupassen. Der Leiter der Einrichtung, ein Diakon, erklärte Bärbel anhand von vergangenen Verlustsituationen, dass Herbert nicht mehr wiederkehren könne, auch nicht mit Gottes Hilfe. Gleichzeitig ermutigte er Bärbel zum Gespräch mit Gott, um ihm zu sagen, was sie bewege. Es war Bärbel wichtig, dazu mit dem Diakon gemeinsam in die Kirche zu gehen. Dort klagte, fragte, schimpfte und weinte sie. Gleichzeitig bat sie Gott auch, auf ihren Herbert im Himmel aufzupassen. Mit dem Diakon und später auch mit einigen Mitbewohnern ihrer Wohneinrichtung änderte sie durch das Geschehen und die Gespräche ihre Haltung. Ihr wurde immer mehr bewusst, dass Herbert im Straßenverkehr nicht aufgepasst und damit den Unfall verursacht hatte. »Aber Gott, pass auf den Herbert im Himmel auf, dass er jetzt keinen Unfug mehr macht«, sagte sie nach einiger Zeit immer abschließend in ihrem Abendgebet. Ihr Glaube hatte ihr durch den Verlust und nach der Trauerzeit trotz der Irritation einen neuen Trost gegeben.

Dem Verstorbenen, dem Verlust, einen neuen Platz zuweisen und sich auf das Leben weiter einlassen

»Wo sind die Toten jetzt?«, wieder fragen manche Menschen und andere erklären sie als »weg«, im Herzen oder verorten sie direkt als Engel in den Himmel.

Dem Verstorbenen einen neuen Platz zuweisen, ermöglicht es dem Trauernden, mit dem Verstorbenen verbunden oder von ihm getrennt zu sein, ohne dass der Weiterfluss des eigenen Lebens beeinträchtigt wird.

Worden weist darauf hin, dass der Hinterbliebene dem Verstorbenen einen Ort geben soll. Nicht der Tote besetzt einen Ort, setzt sich ein Denkmal im Alltag oder in der Nacht, sondern der, der mit dem Verlust weiterlebt, gestaltet diesen äußeren oder inneren, sichtbaren oder unsichtbaren Platz.

Es ist möglich, dass der Trauernde einen Ort so intensiv mit dem Andenken an den Verstorbenen besetzt, dass kaum noch jemand dort Platz hat. Das könnte sowohl das eigene Herz als auch ein Raum in der Wohnung sein, der mit Bildern, Andenken und Kerzen vollgestellt ist.

Es könnte hilfreich sein nachzuforschen, ob der neue Platz des Verstorbenen dazu dient, den Verlustschmerz zu halten oder dem neuen veränderten Leben eine Chance gibt. Dem toten Menschen einen Ort zuweisen bedeutet auch, ihn gehen zu lassen, ihn nicht zu binden. Manchmal gibt es allerdings kein weiteres Interesse an dem Verbleib des Verstorbenen und es wird die Bedeutung des Satzes »Aus den Augen, aus dem Sinn« deutlich.

Ein Beispiel
Veronika lebte mit ihren zwei Kindern in einem Betreuten Wohnen. Ihre beste Freundin Monika starb nach kurzer Krankheit. Veronika nahm an der Beerdigung teil, danach wollte sie jedoch nicht mehr das Grab besuchen. Sie fürchtete sich vor der Konfrontation mit der Traurigkeit. Dem Betreuer teilte sie eines Tages mit, dass sie in der Nacht ständig Angst habe, auf die Toilette zu gehen, weil sie dann immer an der Küche vorbeikomme, in der ihre Freundin jede Nacht sitze. Sie wusste einerseits, dass diese verstorben und vergraben war, andererseits sah sie Monika dort sitzen. Der Betreuer zog eine Trauerbegleiterin als Hilfe hinzu. Mit ihr schrieb und malte Veronika einen Brief an die Freundin. Darin erklärte sie ihr noch einmal, dass sie tot sei und ihr kranker toter Körper auf dem Friedhof im Sarg liege. Die Seele wünschte sie in den Himmel. »Du kannst mich jetzt nicht mehr in meiner Küche besuchen kommen«, las sie der toten Freundin am Grab aus dem Brief vor. Mit den Worten: »Aber ich komme dich jetzt ab und zu hier auf dem Friedhof besuchen«, endete er. Als Abschlussritual wurde die Nachricht in einer Schale auf dem Grab verbrannt in der Hoffnung, dass die Botschaft die Verstorbene erreicht. Tatsächlich begegnete Monika ihr ab dem Tag und in den folgenden Nächten nicht mehr in ihrer Wohnung. Veronika hatte der

Freundin einen neuen Platz zugewiesen und sich selbst wieder einen befreiten Raum zum Leben gegeben.

Ein weiteres Beispiel, das alle Aufgaben von Worden umfasst:

Klaus, 54 Jahre, lebte seit mehr als 40 Jahren in einer Wohneinrichtung. Aufgrund eines schweren Magen-Darm-Infekts wurde er ins Krankenhaus eingewiesen, wo er völlig überraschend an Organversagen verstarb. Das Wohnheim beschloss zum ersten Mal, einen verstorbenen Bewohner zur Aussegnungsfeier noch einmal für einen Tag nach Hause zu holen. Dies setzte die Erlaubnis der Angehörigen voraus. Damit die Mitbewohner von Klaus besser begreifen konnten, dass er tot war, wurde Folgendes überlegt und durchgeführt:

Im Eingangsbereich des Wohnheims, der von den Männern und Frauen beim Heimkommen von der Werkstatt oder Tagesstätte durchquert wurde, stand ein kleiner Beistelltisch, über den eine schwarze Pannesamtdecke gelegt wurde. Auf den Tisch wurde ein großes Porträtfoto von Klaus in einem schwarzen Rahmen mit einer schwarzen Binde über einer Ecke gestellt, daneben eine Blume und eine LED-Kerze. Diese Dekoration sollte als wiederholtes Zeichen, als Trigger, genutzt werden, wenn ein weiterer Bewohner oder Betreuer des Hauses versterben würde. Wiederholungen vermitteln den Bezug zu dem zuvor Erlebten, insofern es die gedankliche Erinnerung zulässt. Die emotionale Erinnerung wird dadurch noch direkter angeregt.

Klaus wurde in seinem Zimmer im offenen Sarg aufgebahrt. Hätte er im Bett gelegen, wäre für viele der Unterschied zwischen schlafen und tot sein nicht visuell deutlich gewesen. Ein Mitarbeiter schaute unter der Decke nach, wie Klaus angezogen war – für den Fall, dass jemand aus Unverständnis die Decke abzieht, um ihn wach machen zu wollen, oder einfach aus Neugierde, um zu sehen, wie es darunter ausschaut. Auf einem Beistelltisch standen Gegenstände, die für ihn typisch waren: ein Laster aus Plastik, eine Brille mit Fensterglas, eines seiner Käppis, eine Schlager-DVD, eine Saftpackung und Süßigkeiten.

Die schon anwesenden Betreuer konnten allein oder mit anderen den Raum betreten und von Klaus Abschied nehmen. Ihnen stand die Unterstützung durch eine Trauerbegleitung zur Seite. Das war deshalb wertvoll, weil viele der Betreuer überhaupt oder erstmals mit Erklärungen und Begleitung einen Verstorbenen sahen. Begleiter zu stärken, indem ihnen Fragen beantwortet, Ängste genommen und Abschiedsrituale angeboten werden, ist eine wichtige Aufgabe in der Trauerarbeit.

Als alle Mitbewohner im Haus waren, wurden sie in dem Aufenthaltsraum von dem Hauschef informiert. Er sagte in einfachen Worten, dass Klaus verstorben sei, weil er kurz, aber sehr, sehr krank war, dass er nun tot sei und nicht mehr lebendig würde und er nun in seinem Zimmer in einem Sarg, in einer Holzkiste, liege und alle sich von ihm verabschieden dürfen.

Im Zimmer von Klaus fand eine Abschiedsfeier statt, an der auch die Eltern des Verstorbenen teilnahmen. Ihnen waren vorher mögliche Reaktionen wie hemmungsloses Weinen, lautes Lachen, Unruhe, die Decke wegziehen oder der Versuch, Klaus wachzurütteln, erklärt worden.

Bei der Abschiedsfeier wurde gesungen, ein Betreuer hielt eine kurze Ansprache, es folgte ein Gebet. Eine Betreuerin erzählte anhand einiger Gegenstände auf dem Beistelltisch von Erinnerungen, die sie an Klaus hatte, und forderte die Anwesenden auf, ebenfalls Erinnerungen beizutragen. Im Anschluss an die Feier durfte sich jeder eine Blume aus einer Vase nehmen und diese Klaus auf den Sarg legen. Zuerst machte es ein Betreuer und berührte dabei Klaus' Hand. Ein weiterer Betreuer führte die Verabschiedung bewusst ohne eine Berührung durch. So konnten verschiedene Abschiedsmöglichkeiten verdeutlicht werden. Tatsächlich machten alle Anwesenden von diesem Abschiedsritual freiwillig (und es darf nur eine freiwillige Handlung sein) Gebrauch, teilweise mit Hilfe der Betreuer.

Es gab Betreuer, die weniger persönlich von der Trauersituation betroffen waren und den Auftrag hatten, dort einzuspringen, wo Hilfe spontan notwendig würde. So kam während der Feier Werner in die Mitte und sagte empört zu Klaus im Sarg: »Hey, Klaus! Was machst du da, Kumpel? Komm, steh auf!« Daraufhin erklärte ihm ein Betreuer laut, weil es für alle Anwesenden von Interesse war: »Werner, Klaus ist tot. Schau, er bewegt sich schon die ganze Zeit nicht mehr. Er sagt nichts. Er holt keine Luft mehr. Und wenn du ihn anfühlst, spürst du, dass er kalt ist. Klaus kann nicht mehr aufstehen, weil er gestorben ist.« Werner stand starr. Dann sagte er: »Er ist tot? Ach du Scheiße, das wusste ich ja nicht.« Und dann ging er zurück in den Kreis, ein Betreuer stellte sich zu ihm, um leise auf seine ausgesprochenen Gedanken zu reagieren.

Auch die Betreuer durften ihre Gefühle zeigen mit dem Wissen darum, wenn Gefühlsausbrüche zu emotional würden, könne man den Raum der Abschiedsfeier kurzfristig oder ganz verlassen. Hauptsächlich weinten die Betreuer, die Mitbewohner von Klaus wirkten interessiert, betroffen, manche auch teilnahmslos. Heike, eine der Nachtwachen, hielt Nadja, eine junge Frau mit einer schweren Behinderung an der Hand, die völlig teilnahmslos während der Abschiedsfeier dabei stand. Als Heike anfing zu weinen, schaute Nadja sie an und begann ebenfalls zu weinen. Und dann standen beide Frauen zusammen und nahmen sich in den Arm. Niemand hätte bis zu diesem Zeitpunkt bei Nadja einen trauernden Gefühlsausdruck erwartet, weil sie dies auch in anderen Verlustsituationen nicht zeigte. Auch im Nachhinein war nicht klar, ob Nadjas Trauerausdruck am Tod von Klaus lag, an der Trauerenergie im Raum oder an der Nähe zur trauernden Betreuerin. Allerdings spielte es auch keine Rolle, weil einfach die grundsätzliche Erlaubnis vorhanden war, Gefühle zuzulassen.

Neben dem Sarg standen drei Stühle, auf denen Bewohner und Betreuer im Anschluss noch bis zur Abholung des Sarges am späten Abend verweilen konnten. Eine Person aus dem Betreuungsteam war zur Beaufsichtigung durchgehend im Raum.

Als der Sargdeckel durch den Bestatter geschlossen wurde, legte er anschließend eine schwarze Sargdecke mit Ornamenten darüber. Einige Mitbewohner waren dabei und gingen hinter dem Sarg bis zum Fahrstuhl mit, als Klaus das Haus verließ.

Von Anfang bis Ende der Aufbahrung wurden Fotos gemacht, die als Erinnerung, aber auch als Erklärung für erneute Todesfälle dienen sollten. Auf dem Essplatz von Klaus stand bis zur Beerdigung eine Blumenvase mit exakt den Blumensorten, die man ihm in den Sarg gelegt hatte.

Zur Vorbereitung auf die Beerdigung wurden den Mitbewohnern, die zur Bestattung eingeladen waren, Bilder von Beerdigungen gezeigt und Rituale wie das Sarg-Herunterlassen oder der Erdwurf erklärt. Es gab das Angebot, Grabkerzen mit Eddingstiften zu bemalen und zu beschreiben. Diese Kerzen wurden nach dem Trauergottesdienst von ihnen zum Grab getragen und dort angezündet.

An der Beerdigung nahmen die nahestehenden Mitbewohner und die Bezugsbetreuer teil. Der Pfarrer wies eingangs darauf hin, dass er sich freue, dass aus der Wohneinrichtung, in der Klaus gelebt habe, Trauergäste anwesend seien. So war es gewährleistet, dass alle miteinander durch eventuelle Reaktionen der Trauernden nicht irritiert waren.

Im Anschluss an die Beerdigung nahmen die Freunde und Mitbewohner von Klaus am Kaffeetrinken teil. Während dieser Zeit wurden Fotos gemacht, um sich später einfacher an Situationen auf der Beerdigung zu erinnern. Ebenfalls könnten diese Fotos als Erklärungshilfe bei weiteren Todesfällen genutzt werden. Hierfür muss das Einverständnis der Angehörigen eingeholt werden.

In der Wohngruppe wurde das Zimmer von Klaus nach kurzer Zeit von den Angehörigen und den Betreuern ausgeräumt. Es erhielt einen neuen Anstrich und es zog ein neuer Bewohner ein, der auch den Platz am Esstisch von Klaus erhielt. Ein Foto von Klaus erhielt einen Platz im gemeinsamen Wohnzimmer. Dabei wurde darauf geachtet, dass das Bild nicht direkt beim Hereinkommen präsent, aber dennoch für jeden sichtbar war.

Beim folgenden allgemeinen Angehörigentreffen wurde von der Abschiednahme berichtet und den Angehörigen in Form eines Vortrags die Wichtigkeit der Trauerbegleitung grundsätzlich für alle Menschen erklärt.

Im Weihnachtsbrief wurde an Klaus erinnert und das Angebot deutlich gemacht, sich bei Fragen in Bezug auf den Umgang mit Tod und Trauer an die Hausleitung zu wenden.

Ein Fotobilderbuch über Klaus entstand, das Bilder aus seinem Leben in der Wohneinrichtung, aber auch von der Abschiednahme beinhaltete. Es steht nun im Bücherregal des Wohnzimmers.

Durch diese Abschiedssituation wurde die Beziehung zwischen Betreuern und Bewohnern intensiver, sie gewann an emotionalem Wert. Auch die Beziehung innerhalb des Teams profitierte davon. Gemeinsam Trauer zulassen und gestalten bedeutet auch, gemeinsam eine emotionale Krise zu bewältigen. Während der ganzen Abschiedssituation wurden die Traueraufgaben nach Worden im Blick gehalten, was sowohl einem Team wie auch den einzelnen betroffenen Personen eine Struktur in einer unsicheren Situation bieten kann.

Methoden

Abschiedsmöglichkeiten für private Haushalte, Wohngemeinschaften, Wohnheimeinrichtungen, Werkstätten, Schulen und Kindergärten

Wenn ein nahestehender Mensch verstirbt, löst es vielfältige Emotionen aus. Oft möchten Eltern oder Betreuerinnen die ihnen anvertrauten Menschen vor traurigen Gefühlen schützen und sie daher von Abschied, Sterben, Tod und Trauer fernhalten. Jedoch ist insbesondere die Zeit des Abschiednehmens von der verstorbenen Person eine wertvolle, ist sie doch unwiederholbar, wenn die Beerdigung vorbei ist.

Menschen, die nicht sehen, fühlen und damit begreifen dürfen, dass der Mensch, der vormals noch gelebt hat, nun wirklich tot ist, können Ängste entwickeln, beispielsweise dass jemand bei lebendigem Leib bestattet wurde. Nicht bei einer Beerdigung dabei zu sein, erschwert es Menschen mit und ohne Behinderung zu realisieren, dass dort der Mensch liegen soll. Es ist vergleichbar mit der Rückkehr aus einem Kurzurlaub und in der Zwischenzeit wurde ohne unser Wissen die eigene Mutter beerdigt.

Falls eine Teilnahme an der Beerdigung zum Beispiel aus Krankheitsgründen nicht möglich ist, bietet es sich an, Fotos oder Filme von Aufbahrung, Sarg oder Urne, der Trauerfeier, der Beerdigung, des Kaffeetrinkens und später des zugeschaufelten Grabes zu machen.

Ebenso gehört es zum Recht jedes Menschen außerhalb des Verwandtschaftsgrades über einen Abschied im Bekanntenkreis informiert und bei Bedarf in eine Abschiednahme miteinbezogen zu werden. Selbst wenn ein Mensch aufgrund seiner sehr jungen oder sehr alten Lebensjahre, einer Erkrankung oder Behinderung nicht in der Lage ist, sich durch Worte und aktive Reaktionen zu äußern, hat er ein Recht auf Einbeziehung aufgrund seiner Beziehung zum Verstorbenen. Es hat mit der Würde des toten Menschen zu tun, dass die Menschen, die ihm zugewandt waren, ihn verabschieden dürfen.

Es ist die Aufgabe von Eltern und Bezugsbetreuern, nach Wegen zu suchen, um Abschiede zu ermöglichen. Es darf nicht sein, dass ein Mensch wegen seiner Behinderung nicht über den Tod informiert oder miteinbezogen wird, weil das soziale Umfeld die eigene Unfähigkeit auf den Menschen mit einer Behinderung überträgt.

Das folgende Beispiel von Luisa möchten wir stellvertretend für alle Trauersituationen stehen lassen und nochmals darauf hinweisen, wie wertvoll ein den Bedürfnissen angemessenes Miteinbeziehen in einer Trauersituation für alle Beteiligten ist.

Luisa, eine junge Frau mit einer Behinderung lebte seit ihrem 19. Lebensjahr in einer Wohneinrichtung. Als ihr Vater erkrankte, durfte sie ihn während seiner Krankenhausaufenthalte besuchen und konnte so miterleben, wie er immer schwächer wurde. Als er starb, nahm die Familie Luisa mit zum Bestatter, wo der Vater aufgebahrt war. Zuvor hatte sie gemeinsam mit der Mutter und dem Bruder Kleidung für ihn ausgewählt, die er im Sarg tragen sollte. Luisa sah, dass die Mutter weinte, und wollte sie trösten. Die Mutter erklärte ihrer Tochter, dass sie traurig sei und deshalb ihren Tränen freien Lauf ließe. Auch dem Bruder kamen die Tränen, was daraufhin in Luisa ebenfalls Traurigkeit auslöste. Dass ihr Vater gestorben war, empfand sie wahrscheinlich als folgerichtig nach der langen schweren Erkrankung. Ihre Mutter und sogar den Bruder weinen zu sehen, löste in ihr jedoch Mitgefühl, Empathie, aus. Sie schluchzte mit. Die ganze Familie empfand die gemeinsame Trauer als tröstlich.

Luisa durfte auf die Briefumschläge mit der Todesbenachrichtigung die Briefmarken aufkleben. Einige Briefe verteilte sie gemeinsam mit der Mutter in der Nachbarschaft, wo sie die Aufmerksamkeit sichtlich genoss, die man ihr und der Mutter mitfühlend entgegenbrachte. Während der Beerdigung stand Luisa bei ihrer Mutter und hielt ihre Hand. Sie freute sich, aus ihrer Wohngruppe Mitbewohner und Betreuer zu sehen, die auch zum Kaffeetrinken geladen waren.

In ihrem Zimmer fand sie an der Wand einen Platz für das Foto des Vaters. Es machte sie nicht weiter traurig, sie sprach aber immer mal wieder von ihm und erklärte den Mitbewohnern eine lange Zeit abschließend, dass er tot sei. In einem Fotobilderbuch, in dem Bilder von gemeinsamen Familienerlebnissen bis hin zur Beerdigung zu sehen waren, war die Kopie der Todesanzeige und an Luisa adressierte Beileidspost eingeheftet.

In den ersten Wochen musste sich die junge Frau immer wieder rückversichern, ob nicht die Mutter oder der Bruder krank seien und auch versterben könnten. Nach einem halben Jahr erlangte sie das Vertrauen in eine sichere Umwelt wieder zurück, ihre Fragen ließen nach. Am ersten Todestag genoss sie das gemeinsame Kaffeetrinken, zum Weinen war ihr nicht mehr zu Mute. Die Betreuer im Haus ermöglichten ihr Fahrgelegenheiten zum Friedhof, der mit dem Bus für sie nicht erreichbar war. Diese Möglichkeit nahm Luisa zwei Mal wahr, dann verlor sie das Interesse an der Grabstelle des Vaters. Das Foto im Zimmer bot ihr eher Anlass, sich hin und wieder an den Vater zu erinnern. »Das ist mein Vater, er ist tot«, war dann eine typische Aussage, die sie vor Mitbewohnern oder Betreuern als Tatsache benannte.

Der Tod eines Familienangehörigen
Einige Anregungen:
- Besuche in der Krankheitssituation ermöglichen,
- dabei sein bei Abschiedsritualen am Kranken- und Sterbebett, zum Beispiel der Krankensalbung,
- bei Bedarf das Aussuchen der Kleidung und Elemente der ritualen Waschung (Haare kämmen, eincremen) anbieten,
- Aufbahrung zu Hause oder beim Bestatter ermöglichen,
- Berührung des Verstorbenen zulassen,
- Erklärungen durch Worte, Gesten und/oder Bilder anbieten,
- Miteinbeziehung in die Vorbereitung der Abschiedsfeier,
- eine Einladungsliste von Trauergästen gemeinsam erstellen,
- Fotos für ein Erinnerungsbuch machen und es gemeinsam betrachten,
- bei Bedarf weitere Materialien wie beispielsweise das Gestalten eines Tagebuchs anbieten,
- eine Schatzkiste gestalten, die Erinnerungstücke wie Parfum oder Musik-CDs enthält,
- ein Foto des Verstorbenen aus den Lebzeiten aussuchen lassen,
- Fahrgelegenheiten zum Friedhof anbieten,
- Bewegung als Stressabbau ermöglichen,
- Gespräche über den Verlust anbieten, sich nach der Traurigkeit erkundigen.

Der Tod eines Kindes in einer Kita
Einige Anregungen:
- Bilderbuchbetrachtungen, um Abläufe von Sterben, Tod und Trauer beispielhaft zu erklären,
- Gestaltung eines Gedenktisches mit einem Foto und persönlichen Dingen des Kindes, wahlweise im Eingangsbereich oder innerhalb der betroffenen Gruppe,
- eine Abschiedsfeier innerhalb der Kita gestalten, mit Liedern oder Spielen, die das Kind mochte,

- Grüße verschicken, die mit Luftballons in den Himmel steigen – zur Verdeutlichung können die Wünsche gemalt auf kleinen Zetteln in die Ballons gesteckt, die dann mit Helium gefüllt werden,
- Bilder oder Grabkerzen bemalen und das Grab des Kindes besuchen,
- einen Elternabend zum Thema anbieten,
- das Thema Trauer oder den Namen des verstorbenen Kindes wiederholt in passenden Momenten wie Gedenktagen oder Feiertagen ansprechen.

Der Tod eines Schülers in einer Schule oder eines Kollegen in der Werkstatt

Einige Anregungen:
- Bilderbuchbetrachtungen, um Abläufe von Sterben, Tod und Trauer beispielhaft zu erklären,
- Betrachtung eines eigens erstellten Fotobilderbuchs, das eine Beerdigung beschreibt,
- sprechen Sie offen über den Tod und erklären Sie die unterschiedlichen Trauerreaktionen,
- malen Sie die Körperumrisse nach und lassen Sie die Schüler beziehungsweise Kollegen aufzeigen oder einzeichnen, an welchen Stellen sie Traurigkeit empfinden,
- Gestaltung eines Gedenktisches oder des Sitzplatzes oder Arbeitsplatzes des verstorbenen Menschen mit einem Foto und persönlichen Erinnerungsgegenständen, die von den Kollegen mitgebracht werden dürfen,
- eine Abschiedsfeier, in der verschriftlichte Grüße, Dank oder Entschuldigungen in einer Feuerschale verbrannt und in dieser symbolischen Form an den Verstorbenen verschickt werden,
- Grüße verschicken, die mit Luftballons in den Himmel steigen – zur Verdeutlichung können die Wünsche gemalt auf

kleinen Zetteln in die Ballons gesteckt, dann mit Helium gefüllt werden,
- Teilnahme an der Beerdigung, wenn möglich, und Erklärung deren Ablaufs,
- Mitgestaltung bei Lied, Fürbitte oder Raumschmuck erfragen,
- Taschentücher besorgen und in einer offenen Schale anbieten, um damit eine Erlaubnis zur Trauer deutlich zu machen,
- Gestaltung eines Kondolenzbriefes oder Kondolenzbildes,
- Gestaltung einer Kranzschleife und eines Blumengestecks,
- auch nach Wochen die Gelegenheit anbieten, Fragen zu stellen, und selbst Interesse an dem Umgang mit der Trauer zeigen,
- bieten Sie dafür auch visuelle Hilfsmittel wie Fotokarten, Gefühlswürfel etc. an,
- achten Sie darauf, dass trotz der Trauer der Tagesablauf eingehalten wird. Strukturen bieten Sicherheit in unsicheren Zeiten.

Der Tod eines Bewohners in einer Wohngruppe
Einige Anregungen:
- alle Bewohner des Hauses über den Tod informieren,
- nach Möglichkeiten der Aufbahrung innerhalb der Einrichtung fragen,
- eine Gedenkfeier unter Einbeziehung der Mitbewohner gestalten,
- eine CD mit Liedern zusammenstellen, die zum Verstorbenen passten,
- einen Gedenkraum im Wohnbereich oder im Zimmer des Verstorbenen anbieten,
- einen Pfarrer beziehungsweise eine Seelsorgerin miteinbeziehen,
- mit den Angehörigen den weiteren Verlauf der Bestattung und einer möglichen Teilnahme von Mitbewohnern besprechen,

- falls eine Urnenbestattung stattfindet, eine Kremation sachlich erklären,
- Entlastung durch Bewegung schaffen, Stressabbau,
- Gespräche oder Ruhezonen anbieten,
- sich über Auferstehungsmöglichkeiten und Hoffnungsbilder austauschen,
- Ausdruck durch unter anderem Malen, Theaterspiel und Musizieren anbieten,
- gemeinsam überlegen, wie man nun das Zimmer oder den ehemaligen Sitzplatz verändert,
- Freunde des Verstorbenen im Blick haben, die offen oder eher ungesehen trauern,
- haben Sie im Blick, ob es die Chance gibt, dass sich neue Freundschaften bilden,
- schaffen Sie einen Gesprächsaustausch, auch über die Beerdigung hinaus,
- planen Sie feste Gedenktage ein, die gleichzeitig Anlass sein können, über die Themen Tod und Trauer grundsätzlich ins Gespräch zu kommen,
- gestalten Sie gemeinsam mit interessierten Bewohnern und Bewohnerinnen einen Todesnachricht und auch Danksagungen, die für Ihre Einrichtung gültig sind.

Methodensammlung

Ergänzend zu vielen Ideen haben wir eine Methodensammlung für die Begleitung von Menschen mit Behinderung in ihrer Trauer verfasst. Sie können die Ideen abwandeln und weiterentwickeln, so wie Sie es für die Begleitung brauchen. Äußerst hilfreich für die Wahl der richtigen Methode kann die Betrachtung der Traueraufgaben sein. Überlegen Sie sich vorher, welche Traueraufgabe der oder die Trauernde zurzeit bearbeitet.

Ihr theoretisches Wissen hilft Ihnen, Ihr praktisches Handeln zu rechtfertigen und zu begründen.

Traueraufgabe 1 (den Verlust als Realität akzeptieren und begreifen) unterstützen Sie vor allem, indem Sie Möglichkeiten zum Begreifen schaffen. Dazu zählen Abschiednahme, Teilnahme an der Beerdigung und auch das Sprechen über den Tod und über die gestorbene Person. Methoden, welche auf das Erkennen und Bearbeiten von Gefühlen abzielen, können Sie für die Unterstützung von Traueraufgabe 2 (Gefühle bearbeiten) nutzen. Traueraufgabe 3 (sich an eine Welt ohne die verstorbene Person anpassen) unterstützen Sie unter anderem durch Auseinandersetzung mit Fragen rund um den Glauben und Spiritualität. Nutzen Sie Methoden des Erinnerns und Kontakt-Gestaltens für die Bearbeitung von Traueraufgabe 4 (eine dauerhafte Verbindung schaffen).

Die Methodensammlung ist in Traueraufgaben geordnet. Ganz gewiss lassen sich mit den verschiedenen Methoden mehrere Traueraufgaben bearbeiten. Zur schnellen Orientierung ist der Fokus in der Beschreibung der Methoden auf je eine Traueraufgabe gelegt.

Methoden zu Traueraufgabe 1 - Die Wirklichkeit des Verlusts begreifen und als Realität akzeptieren
Gedenktische gestalten

Nach einem Todesfall müssen wir immer wieder hören, sehen und erzählen, dass der Mensch gestorben ist. Dazu kann am Sterbebett, in einem Aufenthaltsraum, in der Trauerhalle, der Kita, Schule oder Werkstatt ein Gedenktisch errichtet werden. Auf den Tisch stellt und legt man Dinge, die an den Verstorbenen erinnern. Das können ebenso Lebensmittel wie auch Fotos, Kleidungs- oder andere Erinnerungsstücke sein. Die *Sichtbarkeit* der Erinnerungen an den Gestorbenen oder die Gestorbene unterstützt den Prozess des Begreifens des Todes. Die Trauernden werden daran erinnert, dass sie nun nicht mehr wie vor dem Tod mit der Person sprechen, gemeinsam essen und leben können.

Der Erinnerungstisch unterstützt einerseits das Begreifen und andererseits bietet er eine Möglichkeit, die Beziehung umzustrukturieren und dort an die gestorbene Person zu denken, mit ihr zu sprechen und zu trauern.

Auch am Jahrestag kann man in der Familie die Freunde und Verwandten bitten, für einen Gedenktisch Gegenstände mitzubringen und eine Erzählung zu teilen.

▶ Was Sie benötigen: einen geeigneten Platz, zum Beispiel einen Tisch, welcher für alle Menschen in der Einrichtung oder zu Hause erreichbar ist, ein Foto, eine Kerze, Gegenstände der Erinnerung, wie ein Halstuch, einen Fußball, Kopfhörer etc.

Taschentücher reichen

Die Sichtbarkeit des Todesfalles und damit das Begreifen können Sie mit dem Reichen von Taschentüchern unterstützen. In einer gemeinsamen Runde können Sie den Todesfall aufgreifen und erzählen, dass mit dem Tod verschiedene Gefühle entstehen. Die Taschentücher verdeutlichen die Möglichkeit zu weinen und helfen dadurch zu verstehen, dass es Grund zum Trauern gibt. Jemand ist gestorben.

Bunte Taschentücher kann man in Drogeriemärkten, Buchhandlungen, Blumengeschäften und Papiershops kaufen. Für die Zeit der Trauer wird sich jemand, der Hunde liebt, sicher über ein Tränenabtrockentuch mit einem Mops darauf freuen, ein anderer greift eher zu Herzen, Blumen oder Elfen. Motivtaschentücher können gleichzeitig ein schönes Mitbringsel wie auch eine Gesprächsanregung sein.

▶ Was Sie benötigen: Taschentücher mit unterschiedlichsten Motiven.

Grabkerzen gestalten

Handelsübliche Grabkerzen können mit Eddingstiften bemalt und beschriftet werden. Dabei können Fragen zum Körper des oder der Gestorbenen besprochen werden.

Ein toter Körper wird in Deutschland verbrannt oder vergraben. Die Gräber liegen in einer Tiefe von circa 1,80 Metern. In dieser Erdschicht gibt es keine Käfer oder Würmer mehr. Anders als beispielsweise in Zeichentrickserien häufig dargestellt, zerfällt der menschliche Körper auf mikrobiologischer Basis. Die Vermittlung dieses Wissens ist wichtig, weil die Phantasie häufig schlimmer ist als die Realität und der Gedanke, dass die eigene Mutter von Maden und Würmern gefressen wird, niemandem gut tun würde.

Die bemalten Grabkerzen mit Wünschen, Gedanken oder Erinnerungen können in einem gemeinsamen Besuch auf dem Friedhof an das Grab gestellt und entzündet werden. Die Trauernden kommen so in Berührung mit dem Thema Friedhof, Grab und Sterben. Das Sprechen über den Toten und die Beerdigung helfen, den Tod als real zu verstehen. Zudem erleben die Trauernden sich als aktiv: Sie tun etwas für den gestorbenen Menschen.

▸ Was Sie benötigen: Grabkerzen und Eddingstifte.

Bilderbücher anbieten und laminieren

Bilderbücher können großen und kleinen Menschen in Trauerzeiten tröstliche Erklärungen, sachliche Informationen und gute Stimmungen durch Farben, Symbole und Bilder vermitteln. Beachten Sie, dass Bücher, die Sie erwachsenen Menschen anbieten, nicht zu kindlich sind. Benennen Sie, dass Bilderbuchgeschichten ähnlich wie Märchen bei Menschen jeden Alters beliebt sind. Sie können die Bücher gemeinsam lesen oder einzelne Bilder auswählen, um beispielsweise über einen Menschen im Sarg ins Gespräch zu kommen. Um die Bilder besser greifen und betrachten zu können, werden sie vorsichtig aus dem Buch getrennt und laminiert. So sind sie gleichzeitig auch vor Verknittern und Flecken geschützt.

- Fried, A., Gleich, J. (1997). Hat Opa einen Anzug an? München: Carl Hanser.
  Gezeigt werden Aufbahrung, Beerdigung und die Zeit nach dem Tod des Opas. Viele typische Fragen werden aufgeworfen und geklärt. Damit lädt das Buch ein, über die Beerdigung, den toten Körper, das Sterben, den Himmel und das Trauern zu sprechen.

- Weitze M., Battut, E. (1999). Wie der kleine rosa Elefant einmal sehr traurig war und wie es ihm wieder gut ging. Zürich: Bohem Press.
  Das Buch erzählt von einem kleinen Elefanten, dessen bester Freund umzieht. Der Elefant erlebt Trauer und holt sich Hilfe bei Freunden und Bekannten. Es wird ein gesunder Umgang mit Traurigkeit beschrieben.

- Velthuijs, M. (1994). »Was ist das?«, fragt der Frosch. Aarau: Sauerländer.
  Die Freunde finden einen toten Vogel und fragen sich, was er hat. Einer der Freunde kennt die Antwort. Der Vogel ist nicht krank und er schläft auch nicht: Er ist tot. In einfacher und sachlicher Sprache wird der Tod beschrieben und eine Beerdigung abgehalten.

- Varley, S. (2009). Leb wohl, lieber Dachs. München: Annette Betz Verlag.
  Das Buch erzählt die Geschichte vom Dachs, wie er stirbt und wie sich seine Freunde anschließend an ihn erinnern. Es

bietet Anregungen, darüber zu sprechen, warum Menschen sterben, und zeigt die Qualität von Erinnerungsgeschichten auf.

- Bosse, A., Klammt, A. (2016). Weil du mir so fehlst. Hamburg: Carlsen Verlag.
Die Geschichte des trauernden Bären lässt Raum für Identifikation und Personalisierung. Es gibt viel Platz zum Mitgestalten und Anregungen zum Selbst-aktiv-Werden. Das Buch kann zum Vorlesen genutzt werden sowie als Ideengeber fungieren.

- Abedi, I., Cordes, M. (2006). Abschied von Opa Elefant. Eine Bilderbuchgeschichte über den Tod. Hamburg: Ellermann.
In dem Bilderbuch über das Abschiednehmen und diverse Gedanken zu Auferstehungsmöglichkeiten spricht Opa Elefant mit seinen Enkelkindern über seinen kommenden Tod. Die Familie macht sich Gedanken über die Zeit nach dem Tod, Himmel und Hölle und die Seele.

- Heine, H.-M., Vöhringer, K. (2016). Leni und die Trauerpfützen. Köln: BALANCE Buch + Medien Verlag.
Leni trauert um ihren Hund und zeigt unterschiedliche Trauerreaktionen auf, die deutlich machen, dass trauern nicht allein weinen heißt. Das Buch kann sowohl Trauernden als auch Begleitenden helfen, Trauern als verschiedene Aufgaben zwischen Trauer auf der einen und Hinwendung zum aktuellen Leben auf der anderen Seite zu verstehen.

Bemalen und Beschriften des Sarges

Um den Tod des Verstorbenen zu begreifen, ist es hilfreich, den toten Körper tatsächlich zu greifen, zu berühren, zu spüren, dass er kalt ist, festzustellen, dass der Verstorbene anders riecht, und zu erleben, dass das Herz nicht mehr schlägt und der Tote nicht mehr atmet.

Auch das Erkunden, Berühren und Bemalen des Sarges kann hilfreich sein, den Tod zu begreifen. Der oder die Trauernde schafft zudem etwas Bedeutendes für die Beerdigung und erlebt sich in der Zeit unmittelbar nach dem Verlust nicht als hilflos, sondern als aktiv-handelnde Person. Außerdem bietet das Bemalen eine wertvolle Gelegenheit für den Trauernden, Gedanken, Bilder, Wünsche und Ähnliches »mit auf den Weg« des Verstorbenen zu geben. Dabei können auch Momente der Ruhe entstehen, in welchen der oder die Trauernde in der aufreibenden Zeit nach dem Tod in sich kehren kann. Dazu eröffnet eine Beschäftigung mit der Beerdigung und dem Sarg schon vor der Beerdigung Raum für Fragen und kann so Angst nehmen.

Neben der Gestaltung des Sarges kann der Hilflosigkeit und dem Ausgeliefert-Sein in der Zeit vor der Beerdigung außerdem entgegengewirkt werden, indem der Trauernde die Beerdigung mitgestaltet durch Auswahl der Kleidung des Toten, von Musik oder Blumen und die Teilnahme am Gespräch mit dem Geistlichen, der die Trauerrede hält (Luchterhand u. Murphy, 2001, S. 55). Es bieten sich unterschiedlichste Möglichkeiten, den Trauernden in den ersten Tagen nach dem Tod zu begleiten und ihn so bei der Bearbeitung von Traueraufgabe 1 zu unterstützen.

> ▸ Was Sie benötigen: Halten Sie Absprache mit dem Bestatter über die Möglichkeit, den Sarg zu bemalen. Klären Sie dazu auch ab, ob Kittel, Farbe, Stifte, Malunterlagen, Becher und Pinsel vor Ort bereitstehen oder mitgebracht werden müssen.

Methoden zu Traueraufgabe 2 - Die Vielfalt der Gefühle und den Trauerschmerz durcharbeiten und durchleben

Gefühlsstein gestalten

Um die Gefühle zu bearbeiten, muss man manchmal abwägen, welches Gefühl man innteträgt. Dazu nimmt man einen großen Granitstein aus dem Baumarkt. Auf die sechs Seiten des Steins werden Symbole mit beispielsweise einem lachenden Smiley, eine Träne, dunkle Wolke, Sonne, ein Herz und bunte Punkte mit Abtönfarbe aufgemalt. Sie können diesen Gefühlsstein für Einzelbegleitungen oder für Gruppenstunden nutzen. Er kann je zu Beginn und zum Ende der Begleitung mit der Frage »Wie fühle ich mich jetzt gerade?« herumgereicht werden. Man hält ihn in der Hand, dreht ihn auf alle Seiten, wägt ab und zeigt dann seinen Gefühlszustand auf. Wenn der große Pflasterstein zu schwer und unhandlich ist, gibt es ihn auch in einer kleineren Form.

► Was Sie benötigen: einen Granitstein, Pinsel, abreib- und wasserfeste Abtönfarbe.

Gefühlsskala nutzen

In der Begleitung trauernder Menschen mit Behinderung kann es immer wieder darum gehen, Gefühle zu visualisieren, weil Sprache vielleicht kein Mittel ist.

Eine von vielen Möglichkeiten, Gefühle zu veranschaulichen und auch ohne viele Worte verstehbar zu machen, ist die Gefühlsskala. Sie können per Hand eine Skala zeichnen und Smileys mit unterschiedlichen Gesichtsausdrücken daraufmalen. Je nach Fähigkeiten der trauernden Person können Sie unterschiedlich viele Gesichter benutzen. Ganz links ist ein tieftrauriges Gesicht mit Tränen, daneben malen Sie einen Smiley mit traurigem Gesicht, in die Mitte können Sie ein Gesicht mit geradem Mund platzieren, rechts davon findet sich ein Smiley mit einem leichten Lächeln und ganz am Ende der Skala ist ein Gesicht mit breitem Grinsen zu sehen. Fragen dazu können sein: Wie geht es dir heute? Wie ging es dir am Tag der Beerdigung?

Sie können die Skala auch nutzen, wenn Ihnen im Alltag ein Gefühl besonders auffällt. Der oder die Trauernde kann aufgefordert werden, sich auf der Skala zu verorten. So wird er oder sie unterstützt, die eigenen Gefühle zu erkennen und wahrzunehmen. Denn nur wer seine Gefühle einordnen kann, kann auch damit umgehen.

Zu ergänzen ist, dass alle Gefühle auf der Skala ihre Berechtigung haben und darum auch beachtet und wertgeschätzt werden müssen.

▸ Was Sie benötigen: ein Blatt und Stifte.

Emotionskarten nutzen und erstellen

Emotionskarten, auf denen fotografisch Gesichter von Kindern, Jugendlichen und Erwachsenen abgebildet sind, dienen dazu, Gefühle aufzuzeigen und zu benennen. Allein das Betrachten der Fotos wird bei vielen Menschen das bekannte Spiegelphänomen auslösen – die Mimik wird kurzfristig übernommen und das Gefühl kann dadurch verinnerlicht werden.

Sie können die Emotionskarten mit den Trauernden auch selbst gestalten. Planen Sie dazu, welche Gefühle Sie ablichten möchten. Grundlegende Gefühle wie Traurigkeit, Freude, Angst, Wut, Verzweiflung, Überraschung und Verwunderung sollten enthalten sein. Sie gehören teilweise zu den Basisgefühlen, die in allen Kulturen erlebt werden und auch in Trauerzeiten eine Rolle spielen können. Für weitere Gefühlsausdrücke sind Ihnen und den Trauernden keine Grenzen gesetzt.

Die Menschen können jeweils einzeln mit ihren Gesichtern zu den verschiedenen Ausdrücken abgelichtet werden oder Sie machen Gruppenfotos. Hier können die ganzen Körper auf dem

Bild sein. Gefühle werden nicht nur im Gesicht erlebt. Wer traurig ist, lässt die Schultern hängen; wer sich freut, steht aufrecht. Nachdem die Bilder erstellt worden sind, sollten sie unbedingt zusammen betrachtet werden. Neben einer Menge Spaß bietet sich Raum, über den Umgang mit verschiedenen Gefühlen zu sprechen. Dazu können folgende Fragen gestellt werden: Wie ging es dir dabei, Traurigkeit zu zeigen? Wann warst du das letzte Mal wütend? Was tust du, wenn du traurig, wütend, ... bist?

▶ Was Sie benötigen: eine Kamera. Idealerweise haben Sie eine Sofortbildkamera, um die Ergebnisse direkt in den Händen halten zu können. Ansonsten können Sie die Bilder mit einer Digitalkamera oder dem Handy schießen und anschließend auf einem Laptop oder Beamer zeigen. Informieren Sie sich bitte zu Datenschutzrechten in der Einrichtung.

Gefühlsmonster nutzen

Gefühlsmonster sind eine weitere Möglichkeit, Gefühle zu veranschaulichen. Auf Postkarten oder DIN-A4-Karten sind »Monster« als Zeichentrickfiguren dargestellt. Sie sind in unterschiedlichsten Körperhaltungen und Mimiken dargestellt. Die Karten können mit der Frage »Wie reagiere und fühle ich mich, wenn ich traurig bin?« betrachtet werden. Es gibt kein Falsch oder Richtig. Die Gefühlsmonster unterstützen dabei, in sich zu horchen und ins Gespräch zu kommen.

▶ Was Sie benötigen: Gefühlsmonsterkarten, bestellbar auf http://www.gefuehlsmonster.de.

Wetterkarten nutzen

Wie die Gefühlsmonster können Stimmungen mit Wetterkarten von einigen Menschen abstrakt ausgedrückt werden. Das Bild eines Sturmes kann manchmal besser beschreiben, wie es sich anfühlt zu trauern, als Worte das könnten. Sie können die Karten nutzen, um aktuelle Gefühle zu ergründen oder Wünsche zu erkennen und Strategien zu entwickeln. Leitende Fragen dazu können sein: Wie fühle ich mich gerade? Und: Wie möchte ich mich fühlen? Vielleicht wählt jemand einen Regenschauer für die aktuelle Gefühlslage und sucht sich den leicht bewölkten Himmel als Wunschgefühl.

Diese Methode lädt ein, darüber zu sprechen, dass die Wolken erst leergeregnet werden müssen, bevor sie langsam weiterziehen oder kleiner werden. Was tut der oder die Trauernde, damit die Wolken leergeregnet werden? Weint er oder sie? Spricht er oder sie mit Freunden und Bekannten über den Toten? Geht er oder sie zum Friedhof und lässt dort ein Stück Regen?

Nutzen Sie die Sonne als Bild der Hoffnung, welches ohne Dunkelheit und ohne Wolken jedoch nicht existieren würde. Wir brauchen alle Gefühle, die Traurigkeit und die Freude, den Regen und die Sonne. Weil die Wetterkarten direkt die Gefühle und Stimmungen ansprechen, kann es möglich sein, dass sie eine emotionale Wirkung auf die darauffolgenden Gespräche haben.

▶ Was Sie benötigen: Wetterkarten, bestellbar unter info@familientrauerbegleitung.de.

Gebrochene Herzen gestalten

Sie können ein Herz auf der Vorderseite rot und auf der Rückseite blau gestalten. Wenn das Herz in der Mitte durchgeschnitten (gebrochen) wird, ergeben sich so durch Wenden der Herzteile zwei Tränen. So kann symbolisiert werden: »Wenn das Herz bricht, weil man etwas verliert, was man liebt, kommt Traurigkeit dabei raus. Wenn es wieder zusammenwächst, entsteht eine Narbe.« Nun können auf die rote Herzseite Narben für vergangene Verluste aufgemalt werden. Im Gespräch kann man überlegen, wie viele Verluste man schon erlebt hat und wie viele Narben daraus entstanden; wer und was hilfreich ist, dass offene Wunden am Herzen wieder heilen können.

▶ Was Sie benötigen: Tonpapier und Schere oder ein teilbares Holzherz mit Magnet in der Mitte, bestellbar unter info@familientrauerbegleitung.de.

Gipsmasken erstellen und bemalen

Mit der Gestaltung von Gipsmasken kann man sich über gezeigte und gefühlte Gefühle Gedanken machen. Manchmal verbergen Menschen Traurigkeit hinter einem Lächeln oder Angst hinter einem Witz.

Bestreichen Sie die Haut mit Vaseline. Über Augen und Mund kann ein dünnes Taschentuch gelegt werden, wenn der Abdruck über das ganze Gesicht gehen soll. Ansonsten sparen Sie Augen und Mund aus ebenso wie die Nasenlöcher. Den Gips schneiden Sie in kleine Streifen und legen ihn nach und nach auf das Gesicht. Immer wieder muss der Gips mit Wasser bestrichen werden. Anstelle eines Abdruckes vom Gesicht kann auch die Hand als Vorlage genommen werden.

Wenn die Masken getrocknet sind, können sie von innen und außen bemalt werden. Fragen zur Gestaltung der Gipsmaske können sein: Wie zeige ich mich anderen Leuten und wie fühle ich mich innerlich?

▶ Was Sie benötigen: Gips (zum Beispiel aus der Apotheke), Scheren, Wasser, Vaseline, Taschentücher, Farbe, Pinsel, Becher. Wenn es nicht möglich ist, eine Gipsmaske zu erstellen, kann man auch fertige weiße Masken für die Augen oder das ganze Gesicht im Bastelgeschäft kaufen.

Trostpflaster erstellen

In der Begleitung Trauernder geht es immer wieder darum, deren Handlungsfähigkeit zu aktivieren. Neben Schmerz und Traurigkeit sind Auszeiten und Hoffnungsschimmer unerlässlich für das Durchleben des Trauerprozesses.

Trostpflaster können als hilfreich empfunden werden, wenn eine Assoziation zwischen Trauerschmerz und Wundschmerz hergestellt werden kann. Was tut mir gut, wenn ich traurig bin? Was hilft mir, wenn mein Herz schmerzt? Auf bräunliches oder weißes Heftpflaster kann mit bunten Filzstiften gemalt oder geschrieben werden, was in dem Pflaster stecken kann, damit es heilsam ist.

▸ Was Sie benötigen: Pflaster und Stifte.

(Lieblings-)Musik hören

Neben dem Geruchs- und Geschmackssinn kann unser Gehör uns eine große Hilfe in der Erinnerungsarbeit sein. Welche Musik hat die gestorbene Person gerne gehört: Rock, Klassik, Schlager, Elektro? Hat sie die Musik laut oder leise gehört? Hat sie gesungen? Konnte sie gut singen und, wenn nicht, hat sie es trotzdem gemacht?

Musik kann generell dazu genutzt werden, Trauerarbeit zu unterstützen. Musik kann uns helfen, tief in Gefühle einzutauchen und sie intensiv zu erleben. Welche Musik macht mich traurig und welche macht mich glücklich? Wann möchte ich das eine hören und wann das andere? Nutzen Sie Musik, um über Gefühle zu sprechen, und unterstützen Sie den Trauernden oder die Trauernde dabei, Musik hören als Strategie zu nutzen.

Mögliche Lieder, um Trauer zu unterstützen und kanalisieren, können sein:
- Die Toten Hosen: »Nur zu Besuch«
- Herbert Grönemeyer: »Der Weg«
- Herbert Grönemeyer: »Trauer«

- Unheilig: »Ich würd dich gern besuchen«
- Eric Clapton: »Tears in Heaven«
- Prinz Pi: »Laura«

Methoden zu Traueraufgabe 3 - Sich der veränderten Umwelt, der Welt ohne den Verstorbenen anpassen und sich darin zurechtfinden

Böller und Rakete zünden

Im Jahreskreislauf gibt es Tage, an denen die Trauer besonders intensiv sein kann. Silvester gehört bestimmt dazu.

Am Silvesterabend werden alle schlechten Erinnerungen an das vergangene Jahr auf einen Böller geschrieben oder gemalt. Auf den Stiel einer Rakete werden Wünsche für das kommende Jahr verschriftlicht oder gezeichnet. Um null Uhr darf dann gezündelt werden. Der Böller knallt all das Vergangene weg und der Staub der Rakete lässt möglicherweise Wünsche in Erfüllung gehen.

Alternativ können Sie diese Methode auch das ganze Jahr über nutzen. Anstelle von Böllern ummanteln Sie Steine mit beschriftetem Papier. Die Wunschraketen werden durch Wunderkerzen ersetzt oder die Wünsche auf Papier abgebildet und mit einer Kerze entzündet.

Die Methode hilft, sich von belastenden Erlebnissen freizumachen und Wünsche zu realisieren. So unterstützt sie die Anpassung an das Leben ohne die gestorbene Person.

▶ Was Sie benötigen: Böller und Raketen oder Steine, Papier, Eddingstifte, Stifte, Wunderkerzen, Feuerzeug.

Lebensfieberkurve zeichnen

Jedes Kind, jeder Mann und jede Frau hat im Leben Verluste erlebt und überstanden. Die Methode der Lebensfieberkurve soll helfen, Ressourcen und Bewältigungsstrategien sichtbar und nutzbar zu machen.

Für die Methode wird ein Graph aufgezeichnet. Die waagerechte x-Achse zeigt die Lebensjahre der trauernden Person. Auf der senkrechten y-Achse werden die Zahlen von 0 bis 10 oberhalb der x-Achse und von 0 bis −10 unterhalb der x-Achse eingetragen (Pallasch u. Kölln, 2004, S. 222).

Der oder die Trauernde wird nun aufgefordert, für bedeutende Ereignisse im Leben einen Punkt entsprechend der Stimmung einzuzeichnen. Besonders traurige, einsame, verzweifelte Momente werden eher im Negativ-Bereich verzeichnet. Die Bewertung obliegt allein der trauernden Person und soll von Begleiterin oder Begleiter nicht kommentiert werden. Wenn alle Punkte eingezeichnet sind, kann der oder die Trauernde die Punkte verbinden. Eine Lebensfieberkurve entsteht.

Im Gespräch über die Lebensfieberkurve wird deutlich, dass es wahrscheinlich einige Tiefpunkte und Höhepunkte gab. Haken Sie nach: Was hat nach den Tiefpunkten geholfen, dass es offensichtlich wieder bergauf ging? Verdeutlichen Sie auch Erfolge, um das Selbstwertgefühl des oder der Trauernden zu steigern. Das eigene Leben vor sich zu sehen, kann ganz schön stolz machen.

▸ Was Sie benötigen: ein großes Blatt Papier, Stifte.

Trostsalben kreieren

Sich selbst etwas Gutes tun oder tun lassen kann in Trauerzeiten so wichtig sein.

In die Salbendose wird die Creme eingefüllt, danach sucht sich der oder die Trauernde einen oder mehrere Düfte aus, die von ihm als tröstlich empfunden werden können, zum Beispiel Zimt, Vanille, Zitrone, Orange, Lavendel. Das Öl wird mit einem Zahnstocher eingerührt, währenddessen biete es sich an, darüber zu sprechen, in welcher Situation die Trostsalbe genutzt werden kann, an welcher Körperstelle das Auftragen wertvoll wäre und wo man die Salbe aufbewahrt. Von außen kann die Salbendose auch mit Stickern verziert werden. Bei Menschen, die das Herstellen der Salbe motorisch nicht durchführen können, kann auch, immer in Abstimmung mit dem oder der Trauernden, die vielleicht in Gestik oder Mimik ausgedrückt wird, durch Begleitpersonen geholfen werden.

> ▶ Was Sie benötigen: Salbendosen, eine parfumfreie Basissalbe, Naturduftöle und einen Zahnstocher zum Umrühren.

Bilder malen

Bilder malen kann sowohl in der Begleitung trauernder Kinder als auch in der trauernder Erwachsener mit und ohne Behinderung eingesetzt werden.

Bilder können zu unterschiedlichsten Themen gemalt werden. Wie stelle ich mir den Himmel vor? Welche besondere Erinnerung habe ich an die gestorbene Person? Was möchte ich der oder dem Verstorbenen mitgeben? Welche Gefühle stecken gerade in mir?

Mit Pinsel und Acrylfarbe, Wachsmalstiften, Kreide oder Buntstiften können ganz eigene Vorstellungen zu Papier gebracht werden. Dabei geht es nicht um das Ergebnis und nicht um objektivierbare Darstellungen. Der Prozess des Kreativseins gibt vielmehr die Möglichkeit, Gefühle und Eindrücke zu veräußerlichen. Die entstandenen Werke benötigen keine Wertung, sie können aber eine gute Grundlage bieten, um in Gespräche zu kommen.

Das Malen kann auch als eine Art Bestandsaufnahme des aktuellen Lebens genutzt werden. Nach dem Motto »Ich, hier, jetzt« können Trauernde ihren Blick auf aktuelle Geschehnisse im Leben wenden. Sichtbar kann dabei werden, was wichtig ist, wo Unterstützung hermuss und was gut ist, wie es ist.

Besonders effektvoll kann das Malen mit Wasserfarbe auf Fichtenholzplatten sein. Diese gibt es für wenige Euros im Baumarkt.

Manche Eindrücke und Gefühle sind so groß und intensiv, dass sie viel Platz benötigen. Dazu sind Holzplatten ideal. Außerdem können sie geschmirgelt, gerochen und ertastet werden. In dem Prozess der Gestaltung werden unterschiedlichste Sinne angesprochen. Zudem ist aktive Sprache beim Malen nicht erforderlich.

▸ Was Sie benötigen: Stifte oder Farben und Pinsel, Papier, Leinwände oder Holzplatten aus Fichte.

Kreuze und Engel

Für die Trauerarbeit ist ein kleiner spiritueller Koffer, in dem sich Utensilien befinden, wie ein Kreuz, ein Engel, batteriebetriebene Kerzen, ein Tuch, ein Fläschchen mit Weihwasser, eine Bibel, Texte mit Geschichten, Gedichten oder Liedzettel, ein wertvolles Angebot für die Trauernden, die aus diesen Symbolen und Glaubensbildern Hoffnung und Trost schöpfen. Wählen Sie dabei Texte aus, die Ihnen und Ihrem Umfeld bekannt und hilfreich sind. Bieten Sie den Inhalt des Koffers dem Trauernden an, wenn er den Bedarf hat, wird er es annehmen.

Sorgen Sie auch für sich selbst in Trauerzeiten. Wenn Ihnen ein Engel als Schutzsymbol gut tut, können Sie ihn für sich selbst in der Hosen- oder Rocktasche tragen, ohne dass ihr Gegenüber davon etwas mitbekommt.

▸ Was Sie benötigen: einen Koffer oder eine Tasche, ein Kreuz, einen Engel, batteriebetriebene Kerzen, ein Tuch, ein Fläschchen mit Weihwasser, eine Bibel, Texte mit Geschichten, Gedichten oder einen Liedzettel.

Metacom-Symbole nutzen

Die Metacom-Symbole sind ein System, um Kommunikation zu unterstützen. Entwickelt und erprobt wurden sie von einer Mutter, deren Tochter eine Behinderung hat. Die Bilder können ausgedruckt werden und sprachergänzend oder -ersetzend eingesetzt werden. Selbstverständlich können die Symbole jederzeit in der Begleitung trauernder Menschen mit Behinderung genutzt werden. Besonders hilfreich können sie sein, um Bedürfnisse rund um die Anpassung an das Leben ohne die gestorbene Person zu äußern. Das Zeigen auf leicht verständliche Symbole hilft den Trauernden bei der Mitteilung und den Begleitenden im Verstehen.

▶ Was Sie benötigen: Metacom-Symbole, bestellbar auf http://www.metacom-symbole.de.

Methoden zu Traueraufgabe 4 – Dem Verstorbenen, dem Verlust einen neuen Platz zuweisen und sich auf das Leben weiter einlassen

Einen Platz bereiten

Auch wörtlich genommen kann dem Verstorbenen ein Platz zugewiesen werden. Ein geeigneter Platz kann der Friedhof, ein gepflanzter Baum im Garten der Wohnstätte, ein Bild an der Wand in der Werkstatt oder eine Kerze und ein Bild im Andachtsraum sein. Ein ausgewählter Ort vermittelt: Hier kann ich trauern, hier kann ich mich erinnern. Gestalten Sie den Platz gemeinsam, ähnlich wie den Erinnerungstisch. Bieten Sie regelmäßige Besuche auf dem Friedhof an. Der Besuch am Grab bietet Menschen seit Jahrhunderten die Möglichkeit, sich zu erinnern, zu erzählen und nah zu sein.

Gedenktag einrichten

Wählen Sie einen Tag im Jahr, an dem Sie wiederkehrend an verstorbene und verzogene Menschen gedenken. Dazu können Sie eine Feier abhalten, an der Kerzen angezündet, Geschichten erzählt werden, gemeinsam geweint und gelacht wird. Sie können die Feier ökumenisch oder kirchlich gestalten. Wählen Sie einen Ort, der zu Ihrer Einrichtung passt und gut zu erreichen ist. Auch in Familien kann ein Gedenktag gewählt werden. Das kann der Geburtstag oder der Todestag der verstorbenen Person sein.

Ein Tag, den wir bewusst nutzen, um uns zu erinnern, kann besonders hilfreich dabei sein, die Verbindung zur verstorbenen Person zu gestalten.

Lieblingsspeisen kochen

Erinnerungen tragen wir sicher nicht nur in unserem Kopf. Sie liegen auch in unseren Herzen. Es braucht keine Worte, um sie zu erwärmen. Wir können alle Sinne nutzen. Der Geruch eines Kleidungsstückes zum Beispiel kann tiefe Gefühle wecken. So ähnlich ist es mit dem Geschmack. Ob an einem besonderen Gedenktag, dem Todestag, dem Geburtstag oder einem ganz gewöhnlichen Tag: Kochen Sie doch das Lieblingsessen der verstorbenen Person. Das Kochen kann gemeinsam in der Küche zelebriert werden. Jeder findet etwas zu tun. Kartoffeln müssen geschält, die Suppe muss gerührt und der Tisch muss gedeckt werden. Wenn alle mitgeholfen haben, schmeckt das Essen am Ende besonders gut.

Schatzkiste füllen

Eine kleine Holzkiste aus dem Baumarkt oder ein Schuhkarton, vielleicht mit Glitzer bemalt oder mit Fotos gestaltet, kann zur Schatzkiste werden. Erinnerungen, Wünsche, Geheimnisse und Gegenstände können darin aufbewahrt werden.

Das Gestalten der Kiste kann gemeinsam geschehen. Nutzen Sie die Zeit, um ihre schönsten und schrägsten Erinnerungen über die gestorbene Person zu teilen.

▶ Was Sie benötigen: eine kleine Kiste oder einen Karton, Klebstoff, Papier, Stifte, Glitzermaterial, Fotos etc.

Weihnachtskugel gestalten und Tannenzweig abknipsen

In der Weihnachtszeit kann die Trauer besonders stark sein. Hilfreich ist es dann, aktiv zu werden.

Dazu wird eine einfarbige Weihnachtskugel mit Filzstiften beschriftet, bemalt oder beklebt. Die Kugel kann an dem eigenen Tannenbaum Platz finden oder zum Friedhof gebracht werden.

Eine weitere Möglichkeit, sich in der Weihnachtszeit besonders zu erinnern, ist das Herausschneiden eines Zweiges aus dem Weihnachtsbaum. Nachdem der Baum geschmückt worden ist, wird ein schöner Zweig herausgesucht und abgeknipst. Der Zweig kann anschließend an das Grab gebracht werden, damit auch dort erkennbar Weihnachten ist. Am Weihnachtsbaum fällt der fehlende Zweig bestimmt auf. Er fehlt genauso wie Mutter, Kollegin, Freund oder Freundin.

▸ Was Sie benötigen: eine einfarbige Weihnachtskugel, Eddingstifte, Zange.

Fotobuch erstellen

Drucken Sie unterschiedlichste Fotos von der gestorbenen Person aus und treffen sie sich gemeinsam an einem großen Tisch. Suchen Sie zusammen die schönsten, lustigsten und besten Momente aus den Fotos aus. Die Gestaltung eines Fotobuches lädt ein, sich zu erinnern, festzustellen, wer und was schrecklich fehlt, und auch zu überlegen, was man gar nicht vermisst.

Lagern Sie das Fotobuch gut zugänglich für alle Bewohner oder Familienmitglieder. In traurigen und einsamen Momenten kann es herausgeholt werden und für ein bisschen Erheiterung sorgen.

▸ Was Sie benötigen: einen großen Tisch, notfalls Platz auf dem Boden, Klebstoff, Schere, Fotos vom Verstorbenen, ein Fotoalbum.

Brief schreiben

Um die Verbindung zur gestorbenen Person dauerhaft zu gestalten, kann das Briefe-Schreiben genutzt werden. Alltägliche Dinge können erzählt werden, aber auch Fragen und Sorgen Platz finden. Je nach Möglichkeiten schlagen Sie der trauernden Person vor, selbstständig Briefe zu schreiben, oder Sie übernehmen die Verschriftlichung. Die Briefe können beispielsweise zum Friedhof gebracht, verbrannt, versteckt oder vergraben werden.

▶ Was Sie benötigen: Papier und Stift.

Lichttüten aufstellen

In Trauerzeiten möchten wir manchmal ein Licht für den vermissten Menschen oder auch für uns selbst anzünden. Hierfür kann eine Butterbrottüte beschrieben oder bemalt werden, in die ein batteriebetriebenes Teelicht gestellt wird.

▶ Was Sie benötigen: Butterbrottüten, batteriebetriebene Teelicher.

Kissen aus der Kleidung des Verstorbenen gestalten

Kleidungsstücke haben einen hohen Erinnerungswert und werden von trauernden Menschen oft gern gesehen, angefühlt, berochen oder getragen. Gemeinsam kann man auch aus einem T-Shirt, Hemd oder Rock ein Kissen nähen, das ähnlich wie ein Kuscheltier trösten kann. Auf eine der beiden Seiten kann eine Tasche genäht werden, in der Taschentücher aufbewahrt werden können für den großen Trauerschmerz.

▶ Was Sie benötigen: eine Nähmaschine, Kleidung vom Verstorbenen, ein Kissen.

Bilderrahmen gestalten

Um an den Verstorbenen zu erinnern, kann ein Bilderrahmen aus Karton gestaltet werden. Darauf kann geschrieben, gemalt oder auch geklebt werden. War man gemeinsam im Urlaub am Meer, könnte der Rahmen mit Sand und Muscheln geschmückt werden. Es ist auch möglich, den Rahmen mit einem Stoffstück aus der Kleidung des Verstorbenen zu beziehen.

▶ Was Sie benötigen: einen Bilderrahmen, Klebstoff, Stifte, Muscheln oder Ähnliches.

Leichte Sprache in der Trauerbegleitung

Wir haben mehrfach darauf hingewiesen, Leichte Sprache zu nutzen, und dies an Beispielen und Ideen gezeigt. Hier können Sie die Hintergründe und weitere Anregungen für Formulierungen kennenlernen.

Die Lebenshilfe Bremen e. V. ist Vorreiter für die Formulierung Leichter Sprache und bietet eine umfassende Homepage dazu. Das Büro für Leichte Sprache ist online erreichbar unter http://www.leichte-sprache.de. Hier finden sich Informationen und verschiedenste Geschichten in Leichter Sprache. Viele Texte können per Audiodatei wiedergegeben werden und sind damit auch ohne die Fähigkeit zu lesen zugänglich.

Genutzt wird Leichte Sprache, um Menschen mit Behinderungen und anderen das Verstehen, Entscheiden und Lesen zu ermöglichen und zu erleichtern.

Einfache Informationen rund um Sterben, Tod und Trauer sind notwendig, um zu verstehen und selbst handeln zu können. Stellen Sie sich vor, Sie würden gefragt, welche Musik auf der Beerdigung Ihrer Frau oder Ihres Mannes gespielt werden soll. Sie haben aber gar keine Idee, was eine Beerdigung ist. Sie könnten nur schwer eine Entscheidung treffen. Darum ist es unumgänglich in der Begleitung von Menschen mit Behinderung, geeignete Mittel zur Kommunikation zu finden und damit den Trauernden oder die Trauernde in Entscheidungen und im Trauerprozess nicht zu behindern, sondern zu befähigen.

Zum Überblick Leichter Sprache lassen sich drei Kriterien festhalten. Die Worte sollten verstehbar und einfach, die Sätze möglichst kurz sein und der Text kann mit Bildern oder Symbolen verstärkt werden. Außerdem ist es sinnvoll, Texte immer von Menschen der Zielgruppe prüfen zu lassen. Wenn Sie einen Text für Menschen mit Behinderung schreiben, bitten Sie einen oder zwei Menschen mit Behinderung, Ihren Text zu lesen, bevor er für andere öffentlich wird. Ermutigen Sie die Probeleserinnen und -leser alles zu benennen, was nicht zu verstehen ist. Unverständliche Textpassagen sind schlicht nicht leicht genug und können von Ihnen überarbeitet werden.

Wir möchten Ihnen eine Auswahl grundlegender Hinweise für das Verfassen und Nutzen Leichter Sprache geben. Diese Form des Ausdrucks kann in Schrift als auch in alltäglicher Kommunikation und in Trauerbegleitungen genutzt werden. Die Regeln für Leichte Sprache können Sie in Gänze online nachlesen unter: http://www.leichte-sprache.de/dokumente/upload/21dba_regeln_fuer_leichte_sprache.pdf.

Hier finden Sie die Kriterien in zusammengefasster Form:
1. Worte
   - einfache und kurze Worte
   - beschreiben, was gemeint ist
   - keine Fach- oder Fremdworte (zur Not sollen diese angekündigt und erklärt werden)
   - kein Genitiv und Konjunktiv
   - aktive und positive Sprache
   - keine Bildsprache

2. Zahlen und Zeichen
   - arabische Zahlen
   - anstelle von Zahlen Mengenangaben: viele, lange, wenige etc.
   - Ziffern statt Worte
   - Sonderzeichen vermeiden

3. Sätze
   - viele kurze Sätze
   - einfacher Satzbau

4. Texte
   - direkte Ansprache der Leser und Leserinnen
   - zuerst männliche, dann weibliche Form
   - auf Verweise verzichten
   - unwichtige Teile des Textes weglassen
   - Erklärungen und Beispiele einbauen

5. Gestaltung und Bilder
   - einfache gerade Schrift, wie zum Beispiel Arial
   - große Schrift (mindestens 14), große Zeilenabstände (1,5)
   - linksbündig
   - pro neuem Satz eine neue Zeile
   - keine Silbentrennung
   - viele Abschnitte und Überschriften
   - Wichtiges hervorheben: einzelne Worte fetten
   - viele Aufzählungspunkte
   - mattes, helles, dickes Papier
   - Bilder passen zu Text
   - klare Bilder
   - Bilder nicht als Hintergrund, sondern neben Text

6. Prüfen
Lassen Sie den Text von Experten (Menschen der Zielgruppe) prüfen. Arbeiten Sie dazu mit roten und grünen Klebepunkten oder einem lachenden und weinenden Smiley. Sie können den Text dazu auch aufnehmen und abspielen (Das Netzwerk Leichte Sprache, o. J.).

Zwei Beispiele für Texte in Leichter Sprache
Sie können auf bereits bestehende Geschichten und Texte in Leichter Sprache zurückgreifen. Wir stellen Ihnen dazu ein Buch und eine Geschichte zur Trauerbegleitung vor.

Bäume wachsen in den Himmel

Die Bundesvereinigung Lebenshilfe e. V. hat das Buch »Bäume wachsen in den Himmel. Sterben und Trauern. Ein Buch für Menschen mit geistiger Behinderung« herausgegeben. Das Buch beschreibt in drei Teilen, wie ein Kind, ein Erwachsener und ein alter Mensch sterben. Die Leichte Sprache und viele Bilder helfen, die Geschichte, das Sterben und die Trauer nachzuvollziehen. Das Buch wirft Fragen rund ums Abschiednehmen und Sterben auf und beantwortet diese sachgerecht und verständlich.

Außerdem finden sich viele Hinweise und Anregungen zum Umgang mit einem Trauerfall in einer Einrichtung oder zu Hause. Neben Psalmen, Liedern und Gedichten werden beispielsweise Ideen für Mitbringsel ans Sterbebett beschrieben, Luftballons in den Himmel geschickt und Gegenstände gestaltet.

Sie können die Geschichten vor oder nach einem Todesfall nutzen, um über den Verlauf einer Krankheit, die Trauer und eine Beerdigung ins Gespräch zu kommen. Das Buch kann helfen zu erklären, aber auch selbst zu trauern. Die Darstellerinnen und Darsteller sind Menschen, welche mit Behinderungen leben, und Mitarbeitende aus Einrichtungen. Durch die darstellenden Personen und die dargestellten Szenen erhält das Buch hohe Authentizität.

So ist zum Beispiel ein großes Foto einer Trauerfeier inklusive Gäste, Kerzen, Pfarrerin, Sarg und Blumengestecke zu sehen. Dazu steht geschrieben: »Alle Mitschüler sind mit Herrn Fries zum Friedhof gekommen. Sie wollen bei Jans Begräbnis dabei sein« (Bundesvereinigung Lebenshilfe, 2017, S. 18). Die kurzen Textpassagen in Verbindung mit den Bildern helfen, sich eine Trauerfeier vorzustellen und sich vorzubereiten. Wer noch nie an einer Beerdigung teilgenommen hat, kann beim Lesen eine Vorstellung bekommen.

Anton ist tot

Ulrike Escher ist Mutter eines 17-jährigen Mädchens mit Behinderung und Autorin der Geschichte »Anton ist tot«. Die Geschichte gliedert sich in vier Teile. In den ersten Teilen lernen Leserin und Leser Anton kennen. Seine Lieblingsspeise ist Sahnetorte. Anton ist krank und fühlt sich zunehmend schlecht. Eines Tages möchte er sogar die Sahnetorte nicht mehr essen. Anton kommt in ein Krankenhaus, um zu sterben.

Nachfolgend lesen Sie Kapitel drei der Geschichte.

Antons Tod
»Und dann ist Anton tot.
Er atmet nicht mehr.

Mutter, Vater und ich weinen.
Wir sind sehr traurig.
Jeder drückt Anton noch einmal fest an sich.
Mutter macht ihm ein Kreuz auf die Stirn.
›Der liebe Gott beschützt dich‹, sagt sie leise.

Dann gehen wir in die Krankenhauskapelle.
Wir zünden eine Kerze für Anton an.
Wir beten für ihn.

Am nächsten Tag besuchen wir Anton in der Leichenhalle.
Hier sind alle Menschen, die gestorben sind.

Anton liegt tot in einem offenen Sarg.
Er trägt seinen Lieblingspullover und die neue blaue Hose.
Sein Kopf ruht mit geschlossenen Augen auf einem großen Kissen.
Über seinen Beinen liegt eine dünne Decke.
Die Hände liegen gefaltet wie beim Gebet auf der Decke.
Anton ist in einem kleinen Raum alleine aufgebahrt.

Hier ist es ganz ruhig und friedlich.
Ich betrachte das Blumengesteck neben seinem Sarg.
Ich sehe zwei große Kerzen.

›Es sieht so aus, als würde Anton schlafen‹, denke ich.
›Darf ich Anton anfassen?‹, frage ich.
Mutter nickt.
Vorsichtig streichele ich über Antons Wange.
Erschrocken ziehe ich meine Hand zurück.
›Anton ist ganz kalt‹, sage ich.
›Ja, er ist doch tot‹, meint Vater. ›Tote sind immer kalt.‹
Dann sind meine Eltern und ich wieder draußen vor der Leichenhalle.

›Anton ist so kalt. Friert er nicht?‹, frage ich.
›Nein, bestimmt nicht.
Tote frieren nicht.
Sie haben auch keine Schmerzen‹, antwortet Mutter.

›Sie können ihre Arme und Beine nicht mehr bewegen.
Sie können nicht mehr malen oder laufen, nicht?‹, frage ich
weiter.
Vater nickt. ›Sprechen und essen können Tote auch nicht.
Sie brauchen es nicht mehr.‹
›Dann kann Anton nie mehr Sahnetorte essen‹, sage ich
leise.
Langsam gehen Mutter, Vater und ich nach Hause.
Drei Tage später wird Anton beerdigt.

Viele Menschen sind zum Friedhof gekommen:
Nina und Theo und die anderen Kinder aus der Schule,
Frau Schmitz, die kleine ältere Frau von nebenan,
und Herr Meyer, der schräg gegenüber wohnt.
Oma und Opa sind da und Tante Lotte.
Alle haben dunkle Kleidung an.
Das macht man bei Beerdigungen oft so.
Es ist ein Zeichen der Trauer, erklärt Vater mir später.

Anton liegt in einem Sarg.
Wir können ihn nicht mehr sehen.
Der Sarg ist mit einem Deckel verschlossen.
Auf dem Sarg liegen Blumen.
Von vier Männern wird der Sarg mit Anton über den
Friedhof zu einem offenen Grab getragen.
Alle gehen hinter dem Sarg her.

Der Pastor spricht einige Worte und Gebete.
Dann wird der Sarg in das Grab herabgelassen.
Jetzt muss ich weinen.
Ich werfe meine Blumen auf den Sarg.
Ich gehe mit Mutter und Vater an dem Grab vorbei.
›Tschüss Anton‹, flüstere ich leise.

Später treffen sich einige Trauergäste in einem Restaurant.
Hier gibt es Kaffee und Kuchen.
Aber meine Eltern und ich haben keinen Hunger.
Wir fühlen uns müde und leer vom vielen Weinen.
Immer wieder kommt jemand, der uns umarmt oder uns die Hand gibt.
So zeigen die Menschen, dass es ihnen auch leid tut, dass Anton tot ist.
Meine Eltern und mich tröstet das etwas« (Escher, S. 6–9).

Im abschließenden Kapitel sprechen Mutter und Tochter über Möglichkeiten, die Trauer zu leben und zu lindern, über Gott und den Himmel.

Die Geschichte beachtet die Regeln für Leichte Sprache und ist im Original (http://www.lebenshilfe.de/de/leichte-sprache/buecher/Glaube/geschichte.php) mit Bildern und vielen Absätzen geschmückt. Sie ist gut verständlich und regt an, über das Sterben und die Trauer ins Gespräch zu kommen.

Ein möglicher Ansatz zur Nutzung der Geschichten
Wir möchten Ihnen einen kleinen Einblick geben, wie Sie mit den Geschichten in der Trauerbegleitung arbeiten können. Nehmen Sie sich Zeit und suchen Sie einen gemütlichen Platz, sodass Sie und die trauernde Person gut in das Buch schauen können.

Viele Einrichtungen für Menschen mit Behinderung verfolgen ein christliches Leitbild und vermitteln den christlichen Glauben. Sowohl das Buch der Lebenshilfe als auch die Geschichte »Anton ist tot« sind vom kirchlichen Glauben geprägt. So heißt es in der Geschichte: »›Wo ist Anton jetzt?‹, frage ich. ›Sein Körper liegt im Grab. Wir haben ihn auf dem Friedhof beerdigt. Anton braucht ihn nicht mehr. Das ist so ähnlich wie bei einem Küken. Wenn es aus dem Ei kommt, braucht es die Schale auch nicht mehr. Anton ist bei Gott. Er hat ein neues Leben bei Gott.

Hier gibt es keine Schmerzen, kein Weinen und keine Traurigkeit. Daran glaube ich. Nur so, wie wir Gott nicht sehen können, können wir auch die Toten nicht sehen. Aber sie sind bei Gott'« (Escher, S. 10).

Der Glaube an ein Leben nach dem Tod kann sehr tröstlich und hilfreich sein. Für Menschen mit dem Glauben an Gott und ein Himmelreich werden sich die Gedanken vertraut und willkommen anhören.

Nicht immer können sich Bewohner und Bewohnerinnen damit identifizieren. Menschen ohne Bezug zu christlichem oder kirchlichem Glauben könnten irritiert sein und sich schlimmstenfalls belehrt fühlen.

Nutzen Sie die Geschichten oder Gebete auch, um eine Auseinandersetzung mit Glauben und Religion anzuregen. Ergründen Sie gemeinsam, woran der oder die Trauernde glaubt, wann der Glaube hilft und wann er vielleicht enttäuscht oder sogar Angst macht.

Stellen Sie dazu nach dem Lesen der Geschichte folgende Fragen: »Antons Mutter beziehungsweise die Pfarrerin glaubt fest an Gott. Glaubst du auch an Gott? Glaubst du an den Himmel?«

Sie können diese Fragen mit Zuhilfenahme anderer Methoden wie beispielsweise dem Malen eines Bildes verknüpfen:

»Ich habe hier ein Blatt Papier, eine Holzplatte, eine Leinwand und Farbe vorbereitet. Was glaubst du, gibt es den Himmel überhaupt? Wie könnte er aussehen?«

Im kreativen Prozess können Gedanken fließen und frei ausgedrückt werden. Für manche Menschen bleibt das Blatt leer, andere sehen den Himmel als Ort des Wiedersehens und der Sorglosigkeit. Jede Vorstellung ist berechtigt und sinnvoll für den trauernden Menschen. Unsere Aufgabe als Begleitperson ist nicht die Wertung oder das Predigen eines Glaubens. Wir können am besten unterstützen, indem wir die Menschen dazu anregen, in sich hineinzuhören und ihre eigenen Ressourcen zu entdecken.

Patientenverfügung

Die Auseinandersetzung mit Tod und Sterben oder ein Trauerfall können Anlass bieten, eine Patientenverfügung anzulegen. Das Ministerium für Soziales, Gesundheit, Frauen und Familie im Saarland hat dazu eine Verfügung in Leichter Sprache herausgegeben. Die Patientenverfügung scheint mit 48 Seiten besonders lang zu sein. Durch viele Bilder, eine große Schrift und Absätze sind die Anforderungen an Leichte Sprache erfüllt und die Länge der Verfügung ist angemessen.

Vor dem Ausfüllen sollten Sie selbst die Patientenverfügung lesen und Fragen klären. Kontaktieren Sie dazu bei Bedarf zum Beispiel einen Hospizdienst.

Nehmen Sie sich Zeit und teilen Sie den Text eventuell für mehrere Tage auf. Für den oder die Unterzeichnende kann es ohnehin hilfreich sein über manche Fragen zu schlafen.

Die Patientenverfügung finden Sie online unter: http://www.saarland.de/dokumente/thema_soziales/Patientenverfuegung_LS_END.pdf.

Basale Stimulation® in der Trauerbegleitung

Es gibt Menschen, mit denen es fast unmöglich scheint, in Kontakt zu treten. In diesem Kapitel sollen Wege aufgezeigt werden, wie Sie mit Menschen ohne aktive Sprache und mit wenig motorischer Aktivität in Trauer in Kontakt treten können. Wir orientieren uns dazu an der Basalen Stimulation®, welche von dem Sonderpädagogen Fröhlich entwickelt und in der Heilpädagogik, der Pflege und der Begleitung und Betreuung von Menschen mit Behinderung großen Anklang findet.

Basale Stimulation® soll voraussetzungslos menschliche Begegnung ermöglichen (Mohr, o. J.). In den niedrigschwelligen Angeboten werden keine neuen Formen der Kommunikation erfunden, sondern es wird auf die Formen gesetzt, die schon lange bekannt sind.

Fröhlich ergründet in seinem Konzept die »Primäre Kommunikation«, welche auf einer extraverbalen Ebene stattfindet. Das Kernelement der Basalen Stimulation® ist die Körperlichkeit. »Das bedeutet nun nicht, dass diese Kommunikation völlig wortlos oder stimmlos stattfinden sollte, aber die eigentliche Bedeutung, der eigentliche Austausch findet nicht über Sprache oder über einzelne Worte statt, sondern über Berührung, körperliche Annäherung und Distanz, über die Gestaltung des Raumes zwischen zwei Menschen« (Fröhlich, 2017, S. 10). Berührungen werden bewusst eingesetzt, wiederholt, in Intensität variiert und mit Rhythmen gesteuert, so dass sie eine Bedeutung für beide Kommunizierenden bekommen können (Fröhlich, 2017, S. 1).

Trauer und Körper sind eng miteinander verbunden, einerseits in körperlichen Trauerreaktionen, wie Weinen, Kurzatmigkeit, Appetitlosigkeit, Hautausschlag, Erschöpfung und unzähligen Reaktionen mehr, und andererseits in der Körperlichkeit an sich. Kennen Sie die Redewendung *etwas lastet schwer auf den Schultern?* Wenn Sie genauer hinschauen, dann können Sie es manchen Menschen tatsächlich ansehen. Menschen, die viele Verluste und Belastungen in ihrem Leben erfahren mussten und dem wenig entgegensetzen konnten, sieht man die schwere Last auf ihren Schultern an. Sie lächeln weniger, blicken herab und gehen gebeugt.

Im Konzept der Basalen Stimulation® finden die Erkenntnisse aus der Forschung zum sogenannten Embodiment große Beachtung. In der Neuro- und Entwicklungspsychologie konnte gezeigt werden, dass der Körper selbst Erfahrungen emotionaler und physischer Weise speichern kann (Haupt, 1982, zit. nach Fröhlich, 2017, S. 2). Nicht nur negative Erfahrungen werden im körpereigenen Gedächtnis gespeichert, auch positive Erfahrungen können andocken. Dieses Wissen können wir uns zu Nutze und so dem Menschen in Trauer Angebote der Begleitung in Form von Berührung machen.

Denken Sie auch an die Traueraufgaben. In Traueraufgabe 2 geht es darum, die Gefühle zu bearbeiten. Menschen mit aktiver Sprache können dazu in Gespräche mit anderen Menschen gehen, auch wenn sie nicht immer benennen können, was sie fühlen. Vermutlich kennt jeder das Gefühl, sich mal richtig bei jemandem ausgelassen zu haben. Wie gut und befreiend es sein kann, sich alles von der Seele zu reden, wissen Menschen ohne aktive Sprache nicht.

Menschen, die nicht sprechen können, wie die meisten es tun, müssen ihre Gefühle anders ausdrücken. Sie schreien, brummen, atmen stark, haben Schweißausbrüche und mehr. Mit Berührungen können wir auf diese Gefühlsausdrücke eingehen und in Kommunikation treten (Fröhlich, 2017, S. 5). Durch Berührungen können wir zeigen: Ich sehe dich. Ich erkenne deine Verzweiflung. Ich bin da.

Ich der Basalen Stimulation® sind die aktiveren Personen vor allem darin gefordert, wachsam und sensibel auf die Signale des Gegenübers einzugehen und diese überhaupt zu erkennen. Voraussetzend für eine gelingende Basale Stimulation® ist Ruhe. Wenn Sie selbst Ruhe spüren und haben, können Sie besonders aufmerksam sein und kleinste Veränderungen wahrnehmen.

Fröhlich zeigt, wie Äußerungen des Körpers als Kommunikation eingeordnet werden können:

»*Atmung*
Änderung des Rhythmus
Änderung der Atemtiefe
Stocken des Atems
Gähnen – Seufzen – Husten – Räuspern

Muskelspannung
Bildung oder Entspannung der Stirnfalte
Spannung oder Entspannung der Lippen
Öffnung des Mundes
Anspannung, Bewegung der Nasenflügel
Heben oder Senken der Schultern
Veränderung der Nackenmuskulatur
Gespannte oder entspannte Bauchdecke
Spannung oder Entspannung der Extremitäten
einschließlich der Hände
Veränderung der Spastik

Bewegung
Leichtes Öffnen der Hände oder Bewegung der Füße
Augenbewegungen
Liderzucken
Heben der Augenbrauen
Schlucken
Lächelbewegung

Sekretion
Erhöhter Speichelfluss bei Entspannung
Magen-Darm-Geräusche
Veränderung der Schweißbildung
(Angst oder Anstrengung)

Unter medizinischen Messbedingungen:
Hämodynamik
Veränderung der Herzfrequenz
Veränderung des Blutdrucks
Veränderung der peripheren Durchblutung«

(Frohlich, 2017, S. 9 f.).

Für eine gelungene Basale Stimulation® gibt es kein Patentrezept und auch eine Anleitung in Worten ist nicht hinreichend möglich. Basale Stimulation® geht vom Spiegeln der Atmung bis hin zu Ganzkörperwaschungen und Massagen. Um das Konzept sicher anwenden zu können, ist es notwendig, sich darin fortbilden zu lassen (Informationen finden Sie unter http://www.basale-stimulation.de/weiterbildungen).

Das hier vorgestellte Wissen und auch die Haltung, welche mit Basaler Stimulation® einhergeht, können Sie dennoch teilweise in ihre Begegnung mit Menschen schwerster Behinderungen einfließen lassen. Wir laden Sie ein, bei ihrem nächsten Kontakt bewusst auf ihre Berührungen zu achten. Bienenstein und Fröhlich haben dazu entscheidende Kriterien herausgearbeitet:

»Den Betroffenen allein berühren«

Achten Sie in der Berührung darauf, dass Sie allein die trauernde Person berühren. Die wenigsten Menschen können damit umgehen, wenn mehrere Personen gleichzeitig verbal oder berührend auf Sie einwirken. Das gilt für den Besuch beim Friseur, einen Arzttermin und auch für die Trauerbegleitung. Wenn zwei Menschen allein miteinander in Kontakt treten, erhalten sie die Möglichkeit, sich vollkommen aufeinander einzulassen (Bienenstein u. Fröhlich, 2017, S. 58 f.).

»Den Anfang und das Ende der Handlung signalisieren«

Um die Person nicht zu erschrecken und ihr den Beginn und das Ende der Kommunikation mitzuteilen, können Sie Ihre Hand zu Beginn auf die Schulter legen und leicht aufwärts bewegen. Zum Schließen der Kommunikation drücken Sie die Hand etwas fester auf die Schulter (Bienenstein u. Fröhlich, 2017, S. 58 f.).

»Die Konstanz in der Berührung erhalten«

In einem Gespräch würden Sie sich nicht einfach wegdrehen, das Gespräch so unterbrechen und anschließend weiterreden, als wäre nichts gewesen. Die Berührung ist das Mittel des Kontaktes und darf nicht unterbrochen werden. Ansonsten muss die Kommunikation von vorne beginnen (Bienenstein u. Fröhlich, 2017, S. 60).

»Kontaktintensität aufbauen«

Leichte Berührungen werden als diffus erlebet und können Abwehrreaktionen hervorrufen. Mit entsprechendem Druck wird die Tiefensensibilität angesprochen. Die Berührung soll mit der flachen Hand ausgeführt werden, sodass keine schmerzenden Druckpunkte entstehen. So ist sie als klares Angebot identifizierbar (Bienenstein u. Fröhlich, 2017, S. 61).

»Einen Rhythmus in der Berührung entwickeln«

»Rhythmus ist das Versprechen, dass es so weitergeht wie bisher« (Bienenstein u. Fröhlich, 2017, S. 63). So wie Sie durch einen geregelten Tagesrhythmus und wiederkehrende Rituale Halt in der Trauerzeit geben, können Sie diese Sicherheit auch in der Basalen Stimulation® vermitteln. Wenn Sie die Bewegungen am Körper fließen lassen und beispielsweise von der Schulter über die Arme und von dort zu den Beinen gehen, dann führen Sie die Bewegung in einem gleichbleibenden Tempo aus. Der oder die Trauernde kann sich dadurch auf die nächsten Schritte einstellen. Sie können die Berührungen wiederholen, um die Intensität zu erhöhen (Bienenstein u. Fröhlich, 2017, S. 63).

Wenn Sie in der Trauerbegleitung nun die Berührungen ausführen, dann achten Sie genau darauf, wie Ihr Gegenüber auf Beginn, Ende, Wiederholung und Veränderung Ihrer Berührungen reagiert:
- Atmet er oder sie schneller oder langsamer?
- Schluckt er oder sie?

- Bewegt er oder sie die Finger?
- Sind die Muskeln angespannt?
- Schlägt das Herz intensiver?

Die Deutung der körperlichen Reaktionen ist selten eindeutig. So kann die Beschleunigung des Atems beispielsweise freudige Aufregung oder Abwehr bedeuten (Fröhlich, 2017, S. 10). In der Begleitung müssen wir uns dazu ganz auf das Gegenüber einlassen und kleinste Regungen wahrnehmen und deuten. Die Basale Stimulation® an sich und der Versuch, mit dem Gegenüber in Kontakt zu treten, die Trauer auszuhalten und zu bearbeiten, sind wertvoll. Scheuen Sie sich nicht vor Missverständnissen, die gibt es in jeder Form der Kommunikation.

Und was tun Sie sich Gutes?

Ein Mechaniker nutzt einen Schraubenschlüssel, einen Hammer oder eine Bohrmaschine, um seine Arbeit zu erledigen. Die Werkzeuge werden geölt, trocken gelagert und geschliffen, damit sie in Schuss bleiben. Wenn ein Werkzeug kaputtgeht, kann ein neues gekauft werden. In der Trauerbegleitung sind wir selbst Werkzeuge. Zum Glück kann man uns nicht kaufen, aber genau deshalb müssen wir besonders auf unsere Pflege achten. In diesem Kapitel möchten wir uns mit der sogenannten Psychohygiene beschäftigen. Wir suchen Antworten zu der Frage: »Was hält uns psychisch gesund?«

Vorweg muss ein Blick auf Belastungen und die Bewältigung von Belastungen geworfen werden. Wir sprechen von Belastung, wenn unsere Bewältigungsstrategien nicht für die Anforderungen an uns ausreichen (Eppel, 2007, S. 12). Belastung entsteht bei jedem Menschen unterschiedlich, da jeder Mensch andere Bewältigungsstrategien zur Verfügung hat. Der eine hat große Angst, einen Vortrag zu halten, weil er in Prüfungen Druck empfindet, während die andere schon viel Erfahrung darin sammeln konnte und mit Freude vor Publikum spricht.

Auch in der Begleitung trauernder Menschen mit Behinderung kann es zu Stress und belastenden Erlebnissen kommen. Wir glauben nicht, dass es die Trauer an sich ist, die diese Arbeit zu einer Herausforderung machen muss. Es können unterschiedlichste Dinge sein, die Sie als Belastung oder als Herausforderung erleben. Vermutlich wird es, in welcher Form auch immer, kleinere oder größere Belastungen und Herausforderungen geben.

In einer Studie von Müller und Pfister konnte zum Beispiel gezeigt werden, dass einer der vorherrschenden Belastungsfaktoren von Mitarbeitenden auf Palliativstationen die Sorge davor ist, dem Anspruch der Palliativarbeit nicht gerecht zu werden. (Müller u. Pfister, 2014, S. 16). Dieses Ergebnis ist auch für die Arbeit mit trauernden Menschen mit Behinderung interessant. Sind wir als Begleitende verantwortlich für den Trauerprozess des Menschen, den wir begleiten? Oder fungieren wir unterstützend, mit der festen Überzeugung, dass der oder die Trauernde alles in sich trägt, was er oder sie benötigt?

Wer sich abgrenzen, entspannen, glauben, lachen, weinen und Hilfe holen kann, ist weniger gefährdet, psychisch krank zu werden, und kann Belastungen eher als Herausforderungen sehen.

Wir nehmen hier einen ressourcenorientierten Blick auf die Begleiter und Begleiterinnen selbst ein. Die folgenden Methoden sind sicherlich nicht für jeden und jede geeignet. Ebenso wie das Erleben von Stress sind auch die Vorbeugung und der Umgang mit Stress unterschiedlich. Sie finden hier einige Anregungen und Ideen, wie man Stress vorbeugen kann.

Entspannung: Als eine sehr effektive Strategie zur Bewältigung von Belastungen gilt Entspannung. Was hilft Ihnen, sich zu entspannen? Das kann der Besuch im Yogastudio sein, regelmäßige Spaziergänge in der Natur, das Durchführen von autogenem Training, Malen und vieles mehr.

Abschalten: Wie gelingt es Ihnen, einen anstrengenden Arbeitstag nicht mit nach Hause zu nehmen? Hilfreich können sogenannte Imaginationsübungen sein. Hier finden Sie ein kurzes Beispiel.

Stellen Sie sich einen Tresor vor. Der Tresor steht in einem Raum, weit weg von ihrem Zuhause. Er ist aus schwerem Metall und kann mit einer Zahlenkombination verschlossen werden. Nur Sie kennen die Zahlenkombination. Sie können das Schloss verschließen und öffnen, wenn Sie wollen. Stellen Sie sich vor, wie Sie einen ganzen Tag, ein einzelnes Erlebnis oder Gedanken in den Tresor legen. Schließen Sie den Tresor und verlassen Sie den Raum. Das belastende Erlebnis ist nun weggesperrt. Falls die Gedanken Sie weiter belasten, können Sie den Vorgang wiederholen.

Ablenkung: Im Alltagswissen ist bekannt, dass Ablenkung richtig gut tun kann. So ist es gerade dann, wenn wir uns belastet fühlen. Das aktive Ablenken hilft zu verschnaufen und Kraft zu tanken. Ablenkung findet man beispielsweise in Kinobesuchen, in Freizeitaktivitäten oder in der bewussten Konzentration auf andere Gedanken. Was macht Ihnen Spaß und was tut Ihnen wirklich gut?

Glauben: Der Glaube in spiritueller und religiöser Weise kann wertvoll sein im Kraft-Tanken und Sinn-Finden. Haben Sie einen festen Glauben? Zweifeln Sie manchmal? Greifen Sie in belastenden Situationen auf Gespräche, Gebete, Texte, Meditationen zurück?

Netz: Für Trauernde und Begleitende selbst gilt: Ein soziales Netz ist eine der wichtigsten Ressourcen. Haben Sie Menschen, mit denen Sie über Ihre Trauerbegleitung sprechen? Erleben Sie die Gespräche als Unterstützung und Hilfe? Wenn Sie sich mehr Unterstützung wünschen, kann es hilfreich sein, eine Supervision in Anspruch zu nehmen.

Sport: Regelmäßiges Sporttreiben ist nicht nur gesund für den Körper. Vom Schnellen Spaziergang bis zum Marathon gibt es hunderte Möglichkeiten, sportlich aktiv zu werden. Haben Sie eine Sportart, die Sie gerne treiben? Nehmen Sie sich Zeit, um diesen Sport auszuüben?

Freizeit bewusst gestalten: Ein festes Hobby, Treffen mit Freunden und Freundinnen, ein gut gekochtes Abendessen, mit so unterschiedlich schönen Dingen können wir unsere Freizeit gestalten und das Leben genießen.

Hinwendung zum Guten: Haben Sie sich heute schon gefreut? Wenn ja, worüber? Worauf freuen Sie sich in den nächsten Tagen? Trotz allem Schlechten gibt es so viel Gutes, das wir erleben. Das lohnt sich doch zu würdigen.

Danksagung

Wir bedanken uns bei Monika Müller für die wunderbare Idee, dieses Buch zu schreiben, und bei Ulrike Rastin für ihre Unterstützung.

✻ ✻ ✻

Danke an Mechthild, von der ich lernen konnte, was Trauerbegleitung und Menschenfreude bedeuten. Es war mir eine Ehre und Freude, das Buch mit dir zu erstellen.

Ich bedanke mich bei den Hospizkoordinatorinnen in Hannover und in Kiel. Eure wertvolle Arbeit zu sehen und daran teilzuhaben, hilft mir immer wieder zu erkennen, was gute Begleitungen ausmacht.

Ich danke den Dozentinnen und Dozenten an der Hochschule Hannover und der Christian-Albrechts-Universität zu Kiel für die hochwertige wissenschaftliche Qualifikation. Insbesondere danke ich Frau Ernst.

Ich danke Christine Stockstrom und Elisabeth Lindhorst für die kostbare Weiterbildung in Trauerbegleitung.

Ich bedanke mich bei der Akademie des deutschen Kinderhospizvereins e. V., insbesondere bei Peter Wirtz, Nicole Nies und Heike Will für das Vertrauen in meine Arbeit.

Danke an Andres Fröhlich für seine Anregungen zur Basalen Stimulation.

Ich bedanke mich bei Corinna, Sita, Mareike, Michelle, Marie und Elaine für ihre Freundschaft und den fachlichen Austausch.

Ich danke meinen ehemaligen Mitbewohnern und Freunden aus Hannover und Kiel, besonders Henni.

Außerdem danke ich Taner, Juli, Ruth, Thomas, Joyce, Thomas, Magnus, Steffen und Lukas, meinen Freunden aus dem Ruhrgebiet, mit denen ich erleben darf, dass Freundschaften Zeit und Raum überstehen.

Danken möchte ich Shana und den anderen Mitgliedern meiner Familie.

Ich danke meinem Freund Matthias, den ich aus der Nähe und Ferne liebe. Es ist mir eine Freude, das Leben und die Welt mit dir zu entdecken.

Besonders danken möchte ich Mama, Justi und Holger.

Dich meine Schwester nennen zu dürfen, ist eines der größten Geschenke meines Lebens, Justi. Ich bin so froh, meinen Weg immer wieder mit dir zu gehen.

Holger, dass du in unsere Leben getreten bist, macht mich unendlich dankbar und froh. Mit dir sind wir vollständig.

Dir, Mama, danke ich für deine unendliche Liebe, dein Vertrauen und dein Dasein. Dein natürlicher Umgang mit Gefühlen ebnet mir den Weg für eine gute Arbeit in der Begleitung Trauernder. Ihr seid mir das Wichtigste.

Gina Krause

* * *

Danke!

Am Ende dieses Buches möchte ich meinem Mann Meinrad, unseren Söhnen Matthias, Marius und Malte, auch Sonja, Shade und meiner Mutter für die vielfältige Unterstützung danken. Ohne euch als Familie hätte ich niemals die Familientrauerarbeit in und über Deutschland hinaus gründen und weitertragen können.

Danke an Gina. Dass sie als junge Trauerbegleiterin mit vollem Herzen in Praxis und Theorie Trauerarbeit in all ihren Facetten mitgestaltet, gibt mir Zuversicht für die Zukunft. Danke für die allzeit inspirierende Zusammenarbeit in Gelsenkirchen und deutschlandweit.

Danke an Eva, die mich auf ihre Beatrice-Egli-Konzerte als Begleitperson mitnimmt. Danke an meine Schwester Juliane und meinen Schwager Ludger, die das Vertrauen hatten, meinen Mann und mich als Pflegeeltern anzufragen, falls ihnen vor Evas Volljährigkeit etwas zustößt.

Danke an Heike Serwatka, die mir damals im Martin-Luther-Haus lehrreich zur Seite stand. Ich schätze ihre Haltung und unsere Gespräche in der Nachtwache.

Danke an Ulrike Escher, die uns ihre Geschichte »Anton ist tot« zur Verfügung gestellt hat.

Danke an Karin Winge und Erna Gardinger, die Projekte für Sonderschulklassen erarbeiten und als Gastreferentinnen in meinen österreichischen Seminaren mitwirken. Danke an Helene Löring, Kathrin Wittke, Karin Hesse und Caren Baesch, die zu dem Thema bei »Lavia« und in meinen Lehrgängen in Deutschland dazugehören.

Danke an Britta Korten, die unser Buch auf Rechtschreibfehler überarbeitet hat. Deine Rückmeldung auf die Facetten von Tabus in der Trauerbegleitung hat mir die Wichtigkeit der Arbeit noch einmal verdeutlicht. Und danke an dich, stellvertretend für alle Mütter und Väter, die ihren Kindern die Möglichkeit geben, Familientrauerarbeit zu nutzen.

Danke an meine großartigen pädagogischen Familientrauerbegleiter und -begleiterinnen bei »Lavia«. Ihr macht als qualifizierte Familientrauerbegleiter/-innen, euer pädagogisches Können, euren Humor und eure hoffnungsvolle Zuversicht in all die trauernden Menschen, die uns begegnen, das Leben – nicht nur im Ruhrgebiet – bunter.

Mechthild Schroeter-Rupieper

Literatur

Antonovsky, A. (1997). Salutogenese: Zur Entmystifizierung der Gesundheit (dt. erw. Ausg. von Alexa Franke). Tübingen: dgvt.
Bienenstein, C., Fröhlich, A. (2017). Basale Stimulation® in der Pflege. Die Grundlagen (8. Aufl.). Bern: Hogrefe.
Bosch, E. (2012). Tod und Sterben im Leben von Menschen mit geistiger Behinderung. Arnheim: Bosch & Suykerbuyk Trainingszentrum B. V.
Bowlby, J. (2011). Bindung. In K. E. Grossmann, K. Grossmann (Hrsg.), Bindung und menschliche Entwicklung. John Bowlby, Mary Ainsworth und die Grundlagen der Bindungstheorie (3. Aufl., S. 22–28). Stuttgart: Klett-Cotta.
Brüsemeister, T. (2000). Das überflüssige Selbst – Zur Dequalifizierung des Charakters im neuen Kapitalismus nach Richard Sennett. In U. Schimank, U. Volkmann (Hrsg.), Soziologische Gegenwartsdiagnose I. Eine Bestandsaufnahme (S. 307–322). Opladen: Leske + Budrich.
Bundesministerium für Familie, Senioren, Frauen und Jugend (2012). Lebenssituation und Belastungen von Frauen mit Beeinträchtigungen und Behinderungen in Deutschland. Kurzfassung. Berlin: Publikationsversand der Bundesregierung.
Eppel, H. (2007). Stress als Risiko und Chance. Grundlagen von Belastung, Bewältigung und Ressourcen. Stuttgart: Kohlhammer.
Escher, U. (o. J.). Anton ist tot. https://www.lebenshilfe.de/de/leichte-sprache/buecher/Glaube/geschichte.php (Zugriff am 25.03.2018).
Feldmann, K. (2010). Tod und Gesellschaft. Sozialwissenschaftliche Thanatologie im Überblick (2. Aufl.). Heidelberg: VS Springer.
Fröhlich, A. (2017). Primäre Kommunikation. http://www.xn--andreas-frhlich-itb.eu/primaere-kommunikation/#more-343 (Zugriff am 14.03.2018).
Göthling, S. (2006). Netzwerk People First Deutschland – Zur Selbstvertretung von Menschen mit Lernschwierigkeiten. In E. Wüllenweber, G. Theunissen, H. Mühl (Hrsg.), Pädagogik bei geistigen Behinderungen. Ein Handbuch für Studium und Praxis (S. 558–565). Stuttgart: Kohlhammer.
Haeberlin, U. (2005). Grundlagen der Heilpädagogik. Stuttgart: Haupt.
Heppenheimer, H., Sperl, I. (2011) Emotionale Kompetenz und Trauer bei Menschen mit geistiger Behinderung. Stuttgart: Kohlhammer.

Heppenheimer, H., Sperl, I. (2012). Anders trauern. Neue Wege des Trauerns für Menschen mit geistiger Behinderung. Freiburg im Breisgau: Kreuz.
Herriger, N. (2010). Empowerment in der Sozialen Arbeit. Eine Einführung (4. Aufl.). Stuttgart: Kohlhammer.
Jungbauer, J. (2013). Trauer und Trauerbewältigung aus psychologischer Perspektive. In J. Jungbauer, R. Krockhauer (Hrsg.), Wegbegleitung, Trost und Hoffnung. Interdisziplinäre Beiträge zum Umgang mit Sterben, Tod und Trauer (S. 49–70). Opladen, Berlin, Toronto: Barbara Budrich.
Lammer, K. (2003). Den Tod begreifen. Neue Wege in der Trauerbegleitung. Neukirchen Vluyn: Neukirchener.
Luchterhand, C., Murphy, N. (2001). Wenn Menschen mit geistiger Behinderung trauern. Weinheim/Basel: Beltz.
Mohr, L. (o. J.). Was ist Basale Stimulation? Ein Vorschlag zur Begriffsklärung. Zugriff am 14.03.2018 unter http://www.basale-stimulation.de/wp-content/uploads/IFBS-Was-ist-Basale-Stimulation_.pdf (Zugriff am 25.03.2018).
Müller, M., Pfister, D. (2014). Wie viel Tod verträgt das Team? Wie viel Tod verträgt das Team? Belastungs- und Schutzfaktoren in Hospizarbeit und Palliativmedizin (3. Aufl.). Göttingen: Vandenhoeck & Ruprecht.
Müller, H., Willmann, H. (2016). Trauer: Forschung und Praxis verbinden. Zusammenhänge verstehen und nutzen. Göttingen: Vandenhoeck & Ruprecht.
Das Netzwerk Leichte Sprache (o. J.). Die Regeln für Leichte Sprache. http://www.leichte-sprache.de/dokumente/upload/21dba_regeln_fuer_leichte_sprache.pdf (Zugriff am 25.03.2018).
Pallasch, W., Kölln, D. (2004). Pädagogisches Gesprächstraining. Lern- und Trainingsprogramm zur Vermittlung pädagogisch-therapeutischer Gesprächs- und Beratungskompetenzen. Weinheim/München: Juventa.
Paul, C. (2011). Trauerprozesse benennen. In C. Paul (Hrsg.), Neue Wege in der Trauer- und Sterbebegleitung. Hintergründe und Erfahrungsberichte für die Praxis (S. 69–84). Gütersloh: Gütersloher Verlagsgruppe.
Paul, C. (2012). Aberkannte Trauerfähigkeit. In E. Schärer-Santschi (Hrsg.), Trauern. Trauernde Menschen in Palliative Care und Pflege begleiten (S. 230). Bern: Hans Huber.
Rechenberg-Winter, P., Fischinger, E. (2010). Kursbuch systemische Trauerbegleitung (2. Aufl.). Göttingen: Vandenhoeck & Ruprecht.
Schäfer J. (2011). Tod und Trauerrituale in der modernen Gesellschaft. Perspektiven einer alternativen Trauer- und Bestattungskultur. Stuttgart: ibidem.
Schärer-Santschi, E. (2012). Institution, Wissenschaft und Trauer. In: E. Schärer-Santschi (Hrsg.), Trauern. Trauernde Menschen in Palliative Care und Pflege begleiten (S. 33–76). Bern: Hans Huber.
Schroeter-Rupieper, M. (2015). Praxisbuch Trauergruppen. Grundlagen und kreative Methoden für Erwachsene, Jugendliche und Kinder. Ostfildern: Patmos.

Schroeter-Rupieper, M. (2016). Für immer anders. Das Hausbuch für Familien in Zeiten der Trauer und des Abschieds. Ostfildern: Patmos.

Schwalb, H., Theunissen, G. (2009) Inklusion, Partizipation und Emanzipation in der Behindertenarbeit. Best-Practice-Beispiele: Wohnen – Leben – Arbeit – Freizeit. Stuttgart: Kohlhammer.

Speck, O. (2008). System Heilpädagogik. Eine ökologisch reflexive Grundlage (6. Aufl.). München: Ernst Reinhardt.

Student, J.-C., Mühlum, A., Student, U. (2007). Soziale Arbeit in Hospiz und Palliative Care (2. Aufl.) München: Ernst Reinhardt.

Theunissen, G. (2009). Empowerment und Inklusion behinderter Menschen. Eine Einführung in Heilpädagogik und Soziale Arbeit. Freiburg im Breisgau: Lambertus.

Welsch, W. (1987). Die Philosophie der Mehrsprachlichkeit. Postmoderne und technologisches Zeitalter. In: Die politische Meinung. Nr. 32. (S. 58–68). Osnabrück: Fromm.

Witt, K. (2012). Aus der Trauer ins Leben. Den Verlust überwinden und wieder glücklich werden. Bartgeheide: psymed.

Worden, J.-W. (2011). Beratung und Therapie in Trauerfällen. Ein Handbuch (4. Aufl.). Bern: Hans Huber.

Wustmann, C. (2011). Resilienz. Widerstandsfähigkeit von Kindern in Tageseinrichtungen fördern (3. Aufl.). Berlin: Cornelsen.